能源电力行业的绿色转型

李素环　李永玲　马跃洋　主编

电子科技大学出版社
University of Electronic Science and Technology of China Press
·成都·

图书在版编目（CIP）数据

能源电力行业的绿色转型 / 李素环，李永玲，马跃洋主编． -- 成都：成都电子科大出版社，2024.7.

ISBN 978-7-5770-1067-0

Ⅰ.F426.2；F426.61

中国国家版本馆 CIP 数据核字第 2024DK7841 号

能源电力行业的绿色转型
NENGYUAN DIANLI HANGYE DE LÜSE ZHUANXING

李素环　李永玲　马跃洋　主编

策划编辑	李述娜
责任编辑	谢忠明
责任校对	韩　昊
责任印制	段晓静

出版发行	电子科技大学出版社
	成都市一环路东一段159号电子信息产业大厦九楼　邮编 610051
主　页	www.uestcp.com.cn
服务电话	028-83203399
邮购电话	028-83201495
印　刷	石家庄汇展印刷有限公司
成品尺寸	170 mm × 240 mm
印　张	9
字　数	130千字
版　次	2024年7月第1版
印　次	2024年7月第1次印刷
书　号	ISBN 978-7-5770-1067-0
定　价	88.00元

版权所有，侵权必究

审核委员会

主　任　侯　勇
副主任　郑　伟　关晓明　邬小波
委　员　朱　琳　温志强　唐国华　李　辰

编委会

主　编　李素环　李永玲　马跃洋
副主编　王蓉蓉　张克江　黄　宇
参　编　孙　俏　孙　聪　史馨菊　武子恒　张　璐
　　　　樊浦懿　王　迪　牧　晶　朱董军　李子游
　　　　张　咪　杨　森

前言

新时代的中国能源发展，须贯彻"四个革命、一个合作"能源安全新战略，坚持创新、协调、绿色、开放、共享的新发展理念，不断深化能源体制改革，持续推进能源消费方式变革，致力构建多元清洁的能源供应体系。

本书围绕能源电力发展现状及未来趋势，系统全面地介绍了能源形势（含国内外），随后从能源绿色低碳转型、电力行业重要技术及电力行业发展助力能源低碳转型几个方面进行叙述。全书共四章，采用问答形式，全面叙述了能源电力行业的探索与发展过程，具体内容如下：第一章是了解能源形势，分别介绍了国际能源形势、国内能源发展及能源安全战略；第二章是能源绿色低碳转型，分别介绍了绿色能源开发、绿色能源消费、新型电力系统建设；第三章是电力行业重要技术，分别介绍了特高压技术、柔性直流输电技术、柔性交流输电技术、分布式电源、微电网技术、储能技术及新型电力系统基础支撑技术等内容；第四章是电力行业发展助力能源低碳转型，介绍了电力数据如何提高能源服务水平，数智虚拟电厂如何助力企业降耗减碳等内容。

由于当前电力系统、电力技术发展日新月异，加之编者的水平有限，书中难免存在不足之处，恳请广大读者批评指正！

编 者
2024 年 5 月

目 录

第1章 了解能源形势 … 1
- 1.1 放眼国际——国际能源形势 … 1
- 1.2 立足国内——国内能源发展 … 9
- 1.3 聚焦安全——能源安全新战略 … 15

第2章 能源绿色低碳转型 … 30
- 2.1 绿色能源开发 … 30
- 2.2 绿色能源消费 … 47
- 2.3 新型电力系统建设 … 52

第3章 电力行业重要技术 … 64
- 3.1 特高压技术 … 64
- 3.2 柔性直流输电技术 … 73
- 3.3 柔性交流输电技术 … 80
- 3.4 分布式电源 … 84
- 3.5 微电网技术 … 91
- 3.6 储能技术 … 96
- 3.7 新型电力系统基础支撑技术 … 113

第4章 电力行业发展助力能源低碳转型 … 120
- 4.1 新型电力系统与新型能源体系之间的关系 … 120
- 4.2 电力数据 … 124
- 4.3 数智电网 … 126

参考文献 … 130

第 1 章　了解能源形势

1.1　放眼国际——国际能源形势

1. 常规能源包括哪些？在全球分布情况如何？

答：常规能源有水力、煤炭、天然气和石油等。

水力：根据国际能源署的统计，截至 2023 年年底，地球上的总储水量约为 14 亿立方千米，但 97.5% 是分布在海洋的咸水。根据中华人民共和国水利部发布的 2023 年《中国水资源公报》，截至 2023 年年底，我国水资源总量为 25 782.5 亿立方米，位居世界第 6 位，但我国水资源南北分布不均，若按人均水资源量计算，人均占有量只有 2 194 立方米，约为世界人均水量的 1/3，在世界银行连续统计的 153 个国家中排第 121 位，已被联合国列为世界 13 个贫水国家之一。

煤炭：煤炭是世界储量最丰富的化石燃料。煤炭储量分布呈现出"北半球多于南半球，东半球多于西半球"的特点。根据国际能源署的统计，截至 2023 年年底，全球已探明的煤炭储量为 1.07 万亿吨，其中煤炭储量第一的地区为亚太地区，储量为 4 597.50 亿吨，占全球煤炭储量的 42.8%；煤炭储量第二的地区为北美洲，储量为 2 567.34 亿吨。全球煤炭储量分布情况如图 1-1 所示。

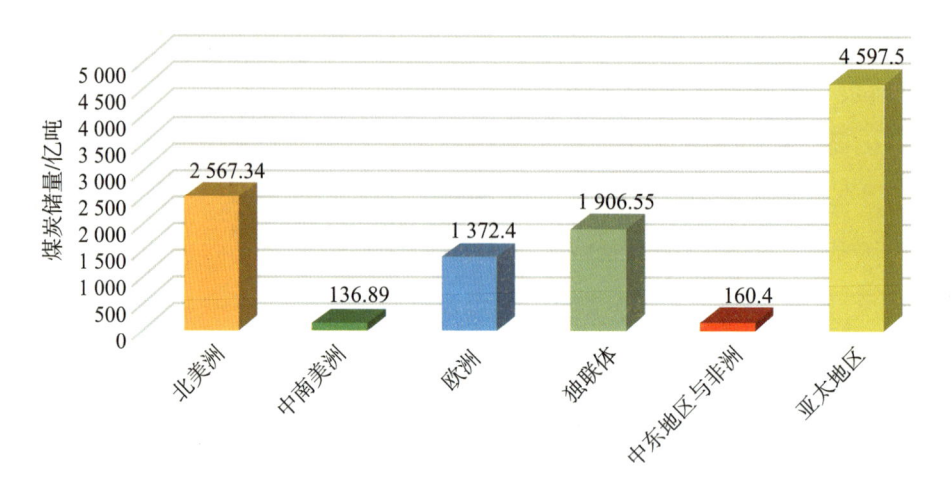

图 1-1 中各地区煤炭储量(亿吨)：北美洲 2 567.34，中南美洲 136.89，欧洲 1 372.4，独联体 1 906.55，中东地区与非洲 160.4，亚太地区 4 597.5。

图 1-1　全球煤炭储量分布

（资料来源：《世界能源统计年鉴 2024》）

天然气：根据美国《油气杂志》的最新年度评估报告，截至 2023 年年底，全球已探明的天然气储量为 212.4 万亿立方米。其中储量位于前 10 名的国家分别是俄罗斯、伊朗、卡塔尔、土库曼斯坦、美国、中国、委内瑞拉、沙特阿拉伯、阿联酋、尼日利亚，前 5 个国家占全球资源量的比例分别是 32.2%、15.3%、7.4%、4.0%、3.7%。全球天然气储量占比分布如图 1-2 所示。

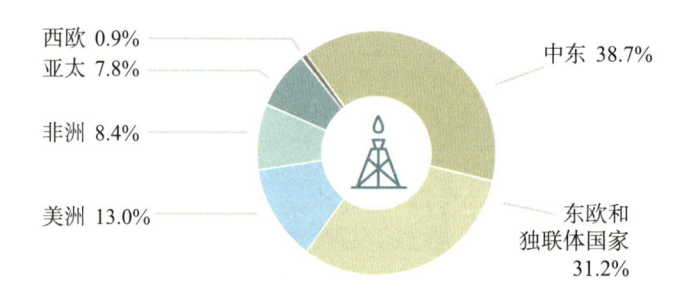

图 1-2 全球天然气储量占比：西欧 0.9%，亚太 7.8%，非洲 8.4%，美洲 13.0%，东欧和独联体国家 31.2%，中东 38.7%。

图 1-2　全球天然气储量占比分布

（资料来源：美国《油气杂志》）

石油：根据美国《油气杂志》发布的年度评估报告，截至 2023 年年底，全球国家级能源机构公布的已探明石油储量达到 17 546 亿桶，其中全球石油储量最多的区域是中东地区，占比 49.5%，世界六大区全球石油储量占比分布如图 1-3 所示。2023 年，世界石油产量前 10 的国家分别是美国、俄罗斯、沙特阿拉伯、加拿大、中国、伊拉克、巴西、阿联酋、伊朗和科威特，如图 1-4 所示。

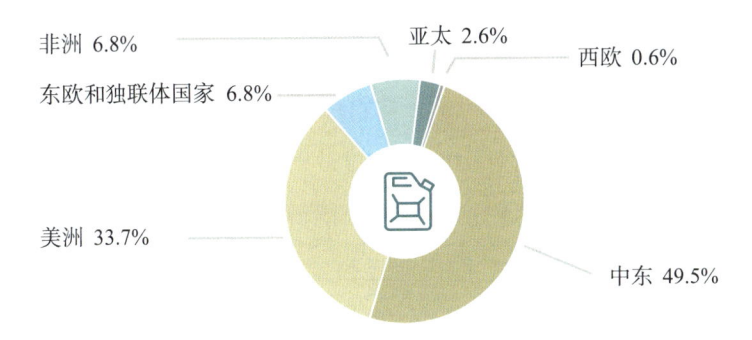

图 1-3 全球石油储量占比分布

（资料来源：美国《油气杂志》）

图 1-4 2023 年全球十大产油国

（资料来源：美国《油气杂志》）

2. 新能源、可再生能源和清洁能源三者之间有何关系？

新能源是指除了传统的化石能源之外的各种能源形式，包括太阳能、风能等多种可再生能源以及核能等高效且低碳的能源形式，也被称为非常规能源，是我国正在积极研究和推广的能源。

可再生能源是指能够自行恢复并不会被耗尽的能源资源，包括太阳能、风能、水能、生物质能等，是能够在自然界中不断再生和有规律地得到补充的清洁能源。可再生能源属于能源开发利用过程中的一次能源，是一种清洁能源，是有利于人与自然和谐发展的重要能源。

清洁能源是指在使用过程中不会排放污染物、不会对环境造成污染的能源，包括可再生能源和传统的清洁能源，如水能、天然气等。它是一种能源利用的技术体系，旨在通过科学技术的进步实现能源的高效、环保、可持续利用。新能源是一个更为广义的概念，包括可再生能源和其他高效低碳的能源形式，如核能等。

可再生能源是新能源的一部分。清洁能源包括可再生能源和传统的清洁能源。概括来说，可再生能源是清洁能源的重要组成部分，而新能源则是更为广泛的概念，包含了可再生能源和其他高效低碳的能源。

新能源、可再生能源和清洁能源三者之间的关系如图1-5所示。

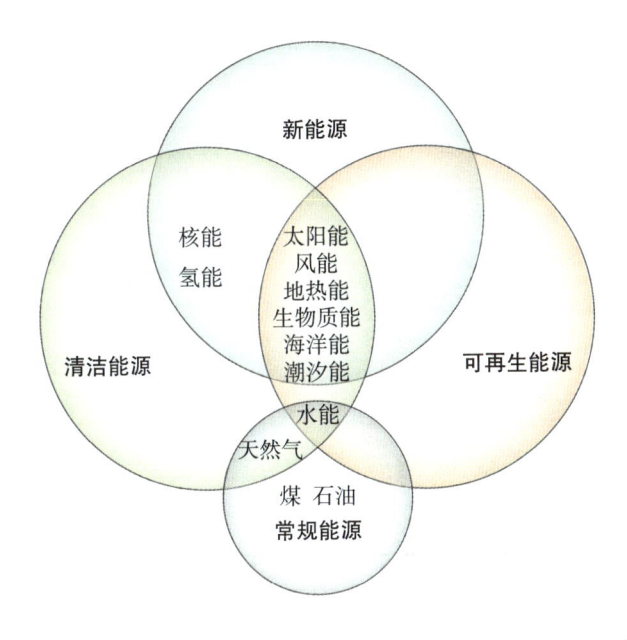

图 1-5　新能源、可再生能源和清洁能源三者之间的关系

3. 能源利用情况如何？

答：根据《世界能源统计年鉴 2024》，从能源整体利用情况来看，截至 2023 年底，全球石油、天然气、煤炭、核能、水能以及风能、太阳能和地热能等可再生能源共消费约为 620 艾焦（1 艾焦 =10^{18} 焦耳）。全球能源消费量及其占比情况如图 1-6 所示。其中石油、天然气和煤炭仍然是最主要的能源，消耗量分别为 144 艾焦、164 艾焦和 196 艾焦，分别占世界能源消耗的 23%、26% 和 32%。水能、核能和可再生能源合计占能源消耗总量的 19%。

从发展趋势来看，1965 年以来，石油消耗量占比呈现逐渐降低的趋势，从 40% 到 50% 下降到 23% 左右。煤炭消费量占比相对较为稳定，约占消费量总量的 1/3。天然气消费量占比呈现稳步增长态势，从 1965

年的 15.63% 增加到 2023 年的 26%，2000 年以来一直占能源消费总量的 1/4 左右。

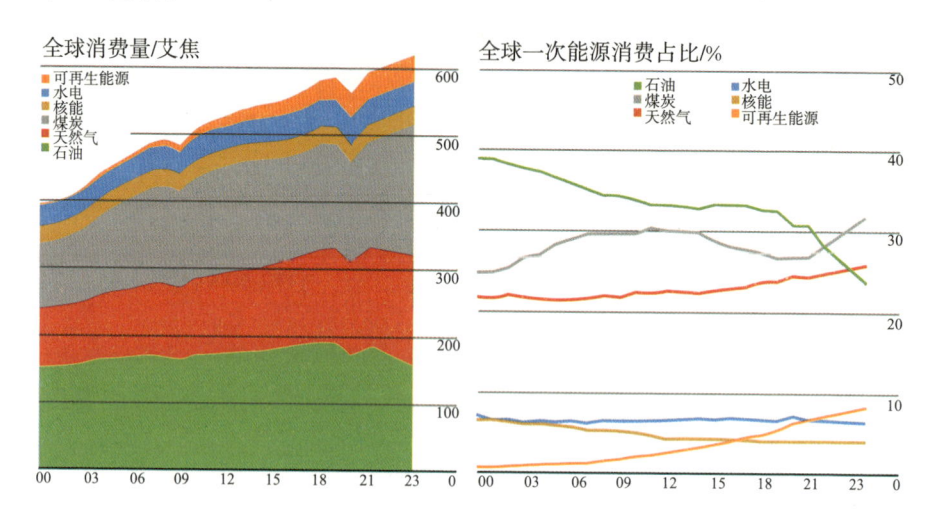

图 1-6 全球一次能源消费量及其占比

（资料来源：《世界能源统计年鉴 2024》）

4. 清洁能源的发展趋势如何？

答：清洁能源包括核能、水能以及可再生能源。核能、水能以及可再生能源在能源消费中所占的比重相对较低，但从其发展的轨迹来看呈现出质的飞跃。尤其 20 世纪 90 年代以来，可再生能源呈现出了多样化、快速化的发展态势。90 年代之前，水电是除常规能源之外的主要能源形式，占全部能源消费的 5% 左右；90 年代以来，太阳能、风能和地热能等可再生能源得到了快速的发展。2022 年，水电、核能和其他可再生能源合计占能源消耗总量的 18.21%。可再生能源替代传统化石能源的过程依然任重而道远。可再生能源的发展受制于自然条件、经济发展水平、各国政策的差异，在全球分布也是极为不平衡的。例如，德国一直是世界能源革命的领袖，但是由于法律限制，德国的能源改革主要是能源改造项目，用风能和太阳能替换核电和煤电，而中国的能源转型主要是建设新的发电站。再如，世界各国对核电站建设的态度不一，尤其是日本福岛核电站事故发生后，出现了新一轮关于核电安全的讨论，这些因素都在一定程度上决定了世界可再生能源的分布与发展。

5. 全球可再生能源是如何分布的？

答：根据国际原子能机构动力堆信息系统的数据，从国家尺度来看，不同类型的可再生能源呈现出不同的分布格局。

水电分布相对广泛，目前世界上50多个国家和地区均有一定规模的水力发电。其中中国是世界上水力发电量最大的国家。根据《世界能源统计年鉴2024》的统计，截至2023年年底，中国水力发电量1226太瓦时，占世界水力发电的比重28.91%。2023年水力发电量超过200太瓦时的国家有巴西、加拿大、美国、俄罗斯，水力发电量超过100太瓦时的国家有印度和挪威。

目前，开发风能较好的国家是中国、美国、巴西、德国、印度。根据《2024年全球风能报告》的统计，截至2023年年底，全球新增风电装机容量达到创纪录的117吉瓦，其中中国新增装机容量达75吉瓦，占全球新增装机容量的近65%。2023年，太阳能和风能发电装机容量仍然保持着快速增长，而中国更是成为全球新增可再生能源产能的主要来源国。可再生能源的快速增长预示着未来很可能再次进入崭新的能源时代。根据《世界能源统计年鉴2024》的统计，可再生能源消费主要集中在亚太地区（消费量40.29艾焦）、欧洲（消费量17.83艾焦）和北美洲（消费量15.8艾焦）。

6. 美国的气候与能源政策主张对我国有什么影响？

答：美国提出"清洁能源革命计划"来应对气候危机，宣布重返《巴黎协定》。美国的主张对世界能源格局和对我国未来发展的影响主要如下：①两国在气候变化认知和行为方面的差异可能会造成未来中美之间的摩擦；②美国对中国的警惕将加剧美国与中国在气候相关创新技术领域的竞争；③形成所谓的"民主国家"联盟对中国持续施压。

为应对美国能源相关政策，我国主张"双循环"新发展格局，加速推进清洁能源关键技术自主研发；加快建立国家级多能融合自主创新示范区；深度融合数字技术与能源技术，构建我国智慧能源体系；深度参与全球合作，积极参与国际能源治理体系改革，为我国能源转型营造良好的外部环境。

7. 伴随着国际战略格局的深度调整，能源市场主要趋势走向如何？

答：能源市场主要趋势如下。

（1）国际能源生产中心西移。页岩气的发现及其规模开发，极大增加了美国左右国际能源市场、影响国际能源格局的底气。与此同时，沙特阿拉伯主导的OPEC（石油输出国组织）由于近年来多数成员国发展乏力，协调产油国共同行动的能力大幅下降。这一升一降，极大地增强了美国在世界油气市场的话语权，强化了美国在国际能源领域的主导地位。

（2）国际能源消费中心呈现东移态势。中国2017年超越美国成为全球最大原油进口国之后，2018年又超越日本成为全球最大天然气进口国。国际能源署的预测也表明，2035年之后，欧美国家对能源的需求将处于停滞状态，中国、印度将成为市场需求增长最快的国家，再加上日本、韩国等全部靠购买能源支撑经济发展的国家，亚洲将成为全球石油、天然气贸易和消费的中心。

（3）全球能源格局发展的新动向。国际战略格局的深度调整将引发能源生产国和消费国之间政治经济地位的分化组合和力量消长。碳达峰、碳中和行动和能源转型的加速，推动着全球能源地缘政治权力由OPEC等油气资源国逐步向可再生能源技术领先的国家转移。

1.2 立足国内——国内能源发展

1. 中国能源发展现状如何？

答：中国是世界上最大的能源生产和消费国，也是能源利用效率提升最快的国家，能源发展现状如下：第一，能源结构以煤炭为主，多样化发展，生产和消费结构不断优化。其中，煤炭消费占能源消费总量比重总体呈下降趋势；水电、核电、风电等清洁能源消费量占能源消费总量比重显著提高。第二，传统能源利用方式加快转变，清洁低碳转型步伐逐步加快。第三，煤炭加工转化水平大幅提高，成品油质量升级扩围提速，重点领域电能替代初见成效。第四，可再生能源开发利用规模快速扩大，水电、风电、光伏发电累计装机容量均居世界首位，能源发展取得了历史性成就。第五，能源综合生产能力不断增长，原油产量、天然气产量、发电总装机容量均保持较高水平，能源供需总体保持平衡，经济社会发展和民生用能需求得到有效保障。

2. 中国能源分布的总体情况如何？

答：在资源总量方面，中国有着丰富的能源资源，其中煤炭和水力资源较为丰富，但石油、天然气资源相对不足；太阳能、风能、潮汐能和地热能等资源也都很丰富，但面临着资源分布不均、结构不合理、开发利用难度大等问题。

3. 中国常规能源分布情况如何？

答：常规能源形式主要包括煤炭、石油、天然气等化石能源和水能资源，是中国能源供应的主体。

（1）煤炭。根据自然资源部历年发布的《中国矿产资源报告》数据统计，中国是全世界最大的煤炭生产国，一年要开采40亿吨煤炭，超过全世界煤炭产量的一半。中国煤炭资源分布面较广，全国2300多个县市中1458个有煤炭赋存，但90%的储量分布在秦岭—淮河以北地区，尤其是山西、新疆、内蒙古和陕西四个省区，占到全国总量的70%以上。

（2）石油。中国是全世界第五大原油生产国。中国原油资源主要集中在东北、华北、华东、西北等地区，其中大庆油田、胜利油田、塔里木油田等为重要产区。国内原油供应不能满足需求，因此中国是全球最大的原油进口国。

（3）天然气。中国是全世界第四大天然气生产国。中国天然气资源主要分布在四川盆地、塔里木盆地、准噶尔盆地、鄂尔多斯盆地等地区，其中四川盆地为最大的天然气生产基地。国内天然气供应也不能满足需求，因此中国还需要大量进口天然气。

（4）水能。中国是全世界第一大水电生产国和装机国。根据最新的水能资源普查结果统计，中国水能资源理论蕴藏量近7亿千瓦，占常规能源资源量的40%。其中，经济可开发容量近4亿千瓦，年发电量约1.7亿千瓦时，是世界上水能资源总量最多的国家。中国水能资源的70%分布在西南四省市和西藏自治区，其中以长江水系为最多，其次为雅鲁藏布江水系。黄河水系和珠江水系也有较大的水能蕴藏量。目前，已开发利用的地区集中在长江、黄河和珠江的上游，其中三峡工程、金沙江梯级开发、雅鲁藏布江梯级开发等为重要水电项目。

4. 中国新能源分布情况如何？

答：新能源主要包括核能和风能、太阳能、潮汐能等可再生能源，是中国能源转型发展的重点方向。

（1）核能。中国是全世界第三大核电装机国，核电资源主要集中在东部沿海地区，有秦山核电站、大亚湾核电站、台山核电站、田湾核电站等。

（2）风能。中国是全世界最大的风电生产国和装机国，陆上风能资源和海上风能资源相当丰富。

（3）太阳能。中国是全世界最大的太阳能发电国和装机国，太阳能总辐射资源丰富，总体呈"高原大于平原、西部干燥区大于东部湿润区"的特点，主要分布在西部地区。

（4）潮汐能。中国海岸线曲折，漫长的海岸线蕴藏着丰富的潮汐能资源，主要分布在东部沿海地区，其中浙江、福建两省蕴藏量最大。

我国 2023 年各类能源发电装机容量如图 1-7 所示。

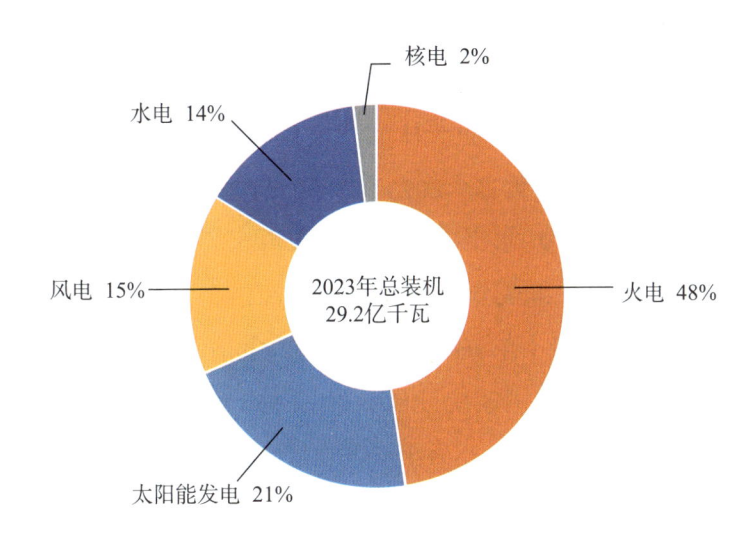

图 1-7 我国 2023 年各类电源装机容量占比

（数据来源：国家统计局）

5. 中国能源消费结构有什么特点？

答：根据国家统计局数据，2022 年全国能源消费总量为 54.1 亿吨标准煤，比上年增长 2.9%。煤炭消费量增长 4.3%，原油消费量下降 3.1%，天然气消费量下降 1.2%，电力消费量增长 3.6%。煤炭消费量占能源消费总量的 56.2%，比上年上升 0.3 个百分点；天然气、水电、核电、风电、太阳能发电等清洁能源消费量占能源消费总量的 25.9%，比去年上升 0.4 个百分点。

从总体情况看，化石能源仍然是中国能源消费的主体，但其占比呈下降趋势；清洁能源的消费占比呈上升趋势，尤其是电力的消费增长较快。这与中国国情和能源发展现状有关。中国是一个人口众多、资源相对匮乏、经济发展不平衡的国家，其能源需求既有总量上的压力，又有结构上的不合理。目前，煤炭仍是中国最丰富、最便宜、最可靠的能源之一，其在电力、钢铁、化工等重要行业中具有不可替代的作用。同时，由于历史原因和技术水平的限制，中国在煤炭的开采和利用过程中存在着污染和低效等问题。因此，在保障基本用煤需求的前提下，中国正在加强煤炭清洁高效利用和节能减排措施，推动煤炭产业转型升级。

中国能源消费结构的特点大体如下：①煤炭消费占比较高，呈下降趋势。根据国家统计局数据，2023 年，煤炭占能源消费总量的比重为 55.3%，仍高于世界平均水平。②油气消费占比较低，呈上升趋势。根据国家统计局数据，2023 年，天然气占能源消费总量的比重为 8.7%，石油占比为 18.3%，近十年有明显增长趋势。③清洁能源消费占比较低，呈快速增长趋势。根据国家统计局数据，2023 年，一次电力及其他能源（包括水电、核电、风电、太阳能发电等）占能源消费总量的比重为 17.7%，比 2014 年提高 5.8 个百分点。总体而言，中国能源消费结构是一个复杂的动态系统，既受到国内外经济社会发展的影响，又反过来影响着经济社会发展。中国能源消费结构正在朝着多元化、低碳化、高效化的方向转变。

6. 什么是"双碳"目标？

答："双碳"目标是碳达峰和碳中和的简称。2020年9月22日，国家主席习近平在第七十五届联合国大会一般性辩论上宣布："中国将提高国家自主贡献力度，采取更加有力的政策和措施，二氧化碳排放力争于2030年前达到峰值，努力争取2060年前实现碳中和。"碳达峰是指二氧化碳排放达到最高点后开始下降；碳中和是指人为排放的二氧化碳与自然界吸收的二氧化碳相平衡。"双碳"目标是我国按照《巴黎协定》规定更新的国家自主贡献强化目标以及面向21世纪中叶的长期温室气体低排放发展战略。这一重大战略决策体现了我国对人类命运共同体负责任的态度，也显示了我国推动构建新发展格局、实现高质量发展、建设美丽中国的坚定决心。

7. 中国"双碳"目标政策体系有哪些？

答：为了实现"双碳"目标，我国出台了一系列文件，构建起目标明确、分工合理、措施有力、衔接有序的碳达峰和碳中和"1+N"政策体系。

其中，"1"是指《中共中央 国务院关于完整准确全面贯彻新发展理念做好碳达峰碳中和工作的意见》，提出了到2030年非化石能源消费比重达到25%左右，风电、太阳能发电总装机容量达到12亿千瓦以上等目标。这是全面部署"双碳"工作的纲领性文件，提出了总体要求、主要目标、推进经济社会发展全面绿色转型、深度调整产业结构、加快构建清洁低碳安全高效能源体系、加强绿色低碳科技创新、完善绿色低碳政策体系、积极参与和引领全球气候治理等八个方面的重点任务和措施。"N"是指各部门、各地区根据"1"的要求，制定的具体实施方案和配套政策。例如，中华人民共和国国家发展和改革委员会（简称"国家发展改革委"）等部门发布的《"十四五"现代能源体系规划》对大力发展非化石能源、加快推进能源绿色低碳转型、构建新型电力系统做了部署和规划；国务院办公厅发布了《关于进一步构建高质量充电基础设施体系的指导意见》（国办发〔2023〕），提出了到2030年基本建成覆盖广泛、规模适度、结构合理、功能完善的高质量充电基础设施体系，有力支撑新能源汽车产业发展，有效满足人民群众出行充电需求的发展目标。生态环境部发布了《关于印发〈全国碳排放权交易管理办法（试行）〉的通知》，明确了全国碳市场交易主体、交易品种、交易规则等内容；各省份也相继出台了各自的碳达峰行动方案或实施意见。

8. "双碳"目标落地过程中遇到哪些困难？

答："双碳"目标落地过程中遇到的困难如下。

（1）能源结构转型难度大。我国能源资源禀赋呈"富煤贫油少气"的特征，根据国家统计局数据，截至2023年年底，煤炭消费占能源消费总量的55.3%。要实现碳达峰和碳中和，需要逐步有序减少传统能源，增加新能源消纳能力，推动绿色低碳技术攻关和应用。这是一场广泛而深刻的经济社会变革，需要对现行社会经济体系进行系统性调整。

（2）产业结构调整压力大。我国整体处于工业化中后期阶段，传统"三高一低"（高投入、高能耗、高污染、低效益）的产业仍占较高比例。要实现碳达峰和碳中和，需要推动经济结构转型升级，培育新动能，提高产品附加值和能效物效。这是一场涉及多个领域和行业的产业升级，需要克服锁定效应和路径依赖，激发新兴市场需求。

（3）社会成本和风险较高。要实现碳达峰和碳中和，需要平衡多个目标，如经济增长、能源安全、产业链供应链安全、粮食安全、群众生活等。这些目标之间可能存在冲突和矛盾，需要科学考核、合理分配、有效补偿，特别是对于煤炭煤电等传统产业的退出和转型，涉及数百万人的就业安置和社会保障问题，事关社会稳定和民生大局。

（4）国际合作不确定性较大。要实现碳达峰和碳中和，需要加强国际合作，共同应对气候变化挑战。但是，在当前复杂多变的国际形势下，各国在气候治理上的立场和诉求可能存在分歧和摩擦，影响合作进程和效果。特别是对于一些关键技术和关键产业链，"卡脖子"问题仍然存在，需要提高自主创新能力和自主保障水平。

这些问题都是在推进"双碳"目标过程中不可回避的难点，需要人们积极稳妥地应对。实现"双碳"目标，是一场广泛而深刻的系统性变革，而能源革命将是这场系统性变革的重中之重。要将传统的以化石能源为主的能源体系转变为以可再生能源为主导、多能互补的能源体系，进而促进我国能源及相关产业升级。要以技术创新引领低碳发展新格局，充分调动科技、产业、金融等要素，通过全社会的齐心协力，推动能源变革、实现"双碳"目标。

1.3 聚焦安全——能源安全新战略

1. 我国的能源安全发展经历了哪些阶段？

答：近年来，世界政治、经济格局深刻调整，全球能源供求关系深刻变化，各国都在积极调整能源结构，清洁化、低碳化成为能源发展的共同目标。党的十八大以来，以习近平同志为核心的党中央强调"能源的饭碗必须端在自己手里"，把能源安全的保障范围从传统的油气资源扩展到核能、新能源、可再生能源在内的多元供应体系，坚持把国内能源安全与全球能源安全问题结合起来，着力构建清洁低碳、安全高效的能源体系，推动能源与环境、社会和公众目标相统一，形成以全面、绿色、均衡为特点的能源安全观。党的二十大报告提出"加强重点领域安全能力建设，确保粮食、能源资源、重要产业链供应链安全"，明确将确保能源资源安全作为维护国家安全能力的重要内容。党的二十大站在以中国式现代化全面推进中华民族伟大复兴的战略高度，对能源发展作出新部署、提出新要求，提出要积极稳妥推进碳达峰和碳中和、深入推进能源革命、加快规划建设新型能源体系、确保能源安全。2014年，习近平总书记站在中华民族伟大复兴战略全局和世界百年未有之大变局的高度，统筹国内和国际两个大局、发展和安全两件大事，提出了"四个革命、一个合作"能源安全新战略，围绕推动能源消费革命、能源供给革命、能源技术革命、能源体制革命，全方位加强国际合作，实现开放条件下能源安全，为新时代我国能源高质量发展指明了方向，为推动能源革命提供了根本遵循。

2. 什么是新时代能源安全观？

答：在国际能源发展新格局和应对全球气候变化新形势下，能源安全的含义也在扩展。传统能源安全以单一的石油安全为核心，各国能源安全战略的主要目标是逐步提高自给率、实现能源独立。随着人们环保意识的增强，能源安全的内涵又逐步加入了环境安全的概念。进入21世纪，能源安全的内涵更为丰富，全球气候变化和《京都议定书》的签署使世界各主要经济体更加重视环境保护和低碳发展，能源的清洁化、低碳化成为全球共识。走出一条清洁、高效、安全、可持续的能源发展之路是我国的必然选择。党的十八大报告提出降低能源消耗、提高能效、推动能源生产和消费革命、调整能源结构、确保国家能源安全的具体要求。党的十九大报告强调，要构建清洁低碳、安全高效的能源体系。党的二十大报告提出积极稳妥推进"碳达峰"和"碳中和"，立足我国能源资源禀赋，坚持"先立后破"，有计划分步骤实施"碳达峰"行动，深入推进能源革命，加强煤炭清洁高效利用，加快规划建设新型能源体系，加强能源产供储销体系建设，确保能源安全。新时代的能源安全观包括保障国家能源的供应安全、经济安全、运输安全、环境安全，涵盖全球观、市场观和发展观三个维度，明确了我国能源生产和消费革命的目标、任务和方向，是对当前全球能源格局和能源形势的全新审视和全面解读。在我国能源转型的重要战略机遇期，能源绿色发展的关键是以尽可能少的能源资源消耗和环境破坏来获得最大的产出效益，既提高能源利用效率，以更高质量的能源供给机制满足人民群众的合理需求，又注重矫正生态环境资源的扭曲，破解发展与环境恶性循环的怪圈，实现人类需求与资源、环境、生态供给可持续性的积极平衡。在全面开放型经济发展模式下，资源禀赋的差异决定了能源资源必将在全球范围内进行配置，能源安全的概念不再局限于一国之内，而是需要有全球的视角和开放的思路，通过积极开展全球能源国际合作来提升综合保障能力。在全球能源市场竞争格局中，只有更准确地认识市场、遵循市场规律，才能更有效地利用全球资源，保障能源的持续供应。

3. 我国的能源安全新战略的内涵是什么？

答：党和政府把确保能源安全、经济安全与生态安全作为未来能源政策制定的依据，明确了"四个革命、一个合作"能源安全新战略（如图1-8所示），从能源供给侧和能源需求侧两端共同发力来实现开放条件下的能源安全保障。

```
┌─────────────────┐              ┌─────────────────┐
│ 推动能源消费革命 │              │ 推动能源供给革命 │
│ 抑制不合理能源消费│            │ 建立多元供给体系 │
└─────────────────┘     ●        └─────────────────┘
                      ●   ●
┌─────────────────┐     ●        ┌─────────────────┐
│ 推动能源技术革命 │              │ 推动能源体制革命 │
│ 带动产业升级     │              │ 打通能源发展快车道│
└─────────────────┘              └─────────────────┘

            ┌─────────────────┐
            │ 全方位加强国际合作│
            │ 实现开放条件下能源安全│
            └─────────────────┘
```

图 1-8 "四个革命、一个合作"能源安全新战略

（1）推动能源消费革命，抑制不合理能源消费。坚持节能优先方针，完善能源消费总量管理，强化能耗强度控制，把节能贯穿于经济社会发展全过程和各领域。坚定调整产业结构，高度重视城镇化节能，推动形成绿色低碳交通运输体系。在全社会倡导勤俭节约的消费观，培育节约能源和使用绿色能源的生产生活方式，加快形成能源节约型社会。

（2）推动能源供给革命，建立多元能源供给体系。坚持绿色发展导向，大力推进化石能源清洁高效利用，优先发展可再生能源，安全有序发展核电，加快提升非化石能源在能源供应中的比重。加大油气勘探开发力度，推动油气增储上产。推进煤电油气产供储销体系建设，完善能源输送网络和储存设施，健全能源储运和调峰应急体系，不断提高能源供应的质量和安全保障能力。

（3）推动能源技术革命，带动产业升级。深入实施创新驱动发展战略，构建绿色能源技术创新体系，全面提升能源科技和装备水平。加强能源领域基础研究及共性技术、颠覆性技术创新，鼓励原始创新和集成创新。着力推动大数据、人工智能技术与能源清洁高效开发利用技术的融合创新，大力发展智慧能源技术，把能源技术及其关联产业培育成带动产业升级的新增长点。

（4）推动能源体制革命，打通能源发展快车道。坚定不移推进能源

领域市场化改革，还原能源商品属性，形成统一开放、竞争有序的能源市场。推进能源价格改革，形成主要由市场决定能源价格的机制。健全能源法治体系，创新能源科学管理模式，推进"放管服"改革，加强规划和政策引导，健全行业监管体系。

（5）全方位加强国际合作，实现开放条件下能源安全。坚持互利共赢、平等互惠原则，全面扩大开放，积极融入世界。推动共建"一带一路"能源绿色可持续发展，促进能源基础设施互联互通。积极参与全球能源治理，加强能源领域国际交流合作，畅通能源国际贸易，促进能源投资便利化，共同构建能源国际合作新格局，维护全球能源市场稳定和共同安全。

新时代的能源安全战略以保障国家能源安全和经济发展为底线，把国内能源供应作为保障能源安全的主渠道。一方面，提升能源储备能力，积极推进国内能源改革，将清洁能源的推广和利用、减少环境污染物排放量作为重点发展方向，坚持走节能减排之路，牢牢把握能源安全的主动权；另一方面，积极应对全球气候变化，推动气候变化国际谈判，倡导能源合作伙伴关系，培育自由开放、竞争有序、监管有效的全球能源大市场，共同维护能源价格和市场稳定，提高能效，制定和完善全球能源治理原则，推动形成能源消费国、生产国和过境国之间共同参与、共同发展的合作新格局，在更加开放的格局中实现我国的能源安全与稳定。

4. 我国的能源安全现状如何？

答：我国作为世界上最大的能源生产国和消费国，近年来着力建设新能源、可再生能源等多轮驱动的能源供应体系，能源产量平稳增长。但是，我国具有"富煤、贫油、少气"的资源禀赋特点，主要化石能源储采量比较低，自给能力较差，由于国内需求量较大，在能源安全方面面临复杂形势和严峻挑战。

（1）能源消费总量、碳排放量偏大，碳减排要求下能源保供难度大。随着经济社会快速发展和人民生活水平显著提高，中国一次能源消费量连续多年保持快速增长。

近年来，气候变化引起的极端天气频发，如2022年夏天高温盛行，北半球多个国家和地区遭遇了长时间的极端高温天气。极端天气已成为当今人类面临的严重威胁，对能源系统的冲击也十分强烈，叠加地缘政治冲突等，全球范围频频出现能源供应紧张现象。与此同时，中国持续推进工业化、城镇化，人民对美好生活的需求日益增长，中国能源消费需求还处于增长期，并在一定时期内保持较大增速。在能源消费需求持续增长的背景下，"双碳"目标的实现还需努力。

（2）能源消费结构不均衡，能源转型趋势下安全隐患大。长期以来，中国一次能源消费结构以化石能源为主，尤其高度依赖煤炭。根据历年《世界能源统计年鉴》数据，全球范围内只有中国和印度两个国家的煤炭消费占比长期超过50%。我国能源消费结构如图1-9所示。根据国家统计局数据，2023年，传统化石能源（石油、天然气及煤炭等）占中国一次能源消费比重高达82.3%，煤炭占比高达55.3%。虽然近年来煤炭占比有所下降，但下降趋势十分缓慢。"碳中和"目标的提出，要求中国加快优化能源结构，以更大力度、更快速度推动可再生能源替代煤炭等传统化石能源。考虑到中国长期高度依赖煤炭的实情，在能源结构调整的过程中，传统化石能源的退出，特别是激进的减碳方式，可能会直接影响能源供应安全形势。

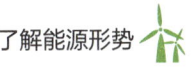

图 1-9 我国能源消费结构

（3）国内能源产量偏少，能源独立难度大。全球能源转型正加速推进，可再生能源发展势头强劲，但至今还没有任何一种能源能够真正替代石油和天然气的战略地位。在"碳中和"目标约束下，石油和天然气的消费需求会有所下降，但即使到 2060 年，油气也仍然是不可替代的战略资源。石油作为化工原料的功能日益凸显，天然气在转型期将发挥"桥梁"作用，未来有望成为与可再生能源融合发展的最佳"伙伴"，这些都决定了未来中国不小的油气基本需求面。能源独立，就是利用国内的能源资源，满足国内必需的能源消费。然而，中国石油、天然气资源相对匮乏，长期以来都高度依赖进口。据《中国矿产资源报告 2022》数据，中国石油、天然气产量储采比分别为 18 年和 30 年。国内油气储产量难以支撑中国日益增长的消费需求，在加快能源转型和能源独立的双重背景下，国内油气产量偏少依然是能源安全的关键核心风险。

（4）油气对外依存度偏高，稳定供应风险大。当今世界正值"百年未有之大变局"，国际形势风云变幻，政治经济格局深度调整。2021年以来的欧洲能源危机，就是受到了极端天气、碳价与气价波动及经济刺激政策的影响。由此可见，当前国际油气贸易所面临的风险特别是非传统风险日益复杂。石油和天然气是综合属性最强的大宗商品，海外油气资源能否"买得起、买得到、运得回"的问题更加严峻。

（5）可再生能源大规模发展面临挑战。可再生能源特别是风能、太阳能主要依靠空气流动、太阳热辐射等天气要素，虽然是零碳排放、零污染，但是其易受天气影响的不稳定性也是明显的短板，极端天气情况下能源系统还需要强大的储能和调配基础设施支撑。虽然可再生能源在中国能源消费结构中的占比正逐年上升，但当前能源系统的调节能力还不能完全平衡可再生能源发电的间歇性与波动性，储能基础设施还不能支撑可再生能源大规模发展，可再生能源供应地与需求地距离较远等问题仍然突出。在以化石能源为主转向以可再生能源为主的过程中，随着越来越高比例的可再生能源发电并网，能源系统的安全稳定运行成为人们关心的重要问题。

5. 我国能源转型的背景是什么？

答：当前，中国处于"经济增速换挡期、结构调整阵痛期、前期刺激政策消化期"叠加的复杂环境，面临国际社会低碳环境约束和国内高质量发展的双重压力，能源转型的挑战和难度空前，主要体现在以下四个方面。

（1）产业结构重型化。目前中国仍处于工业化发展阶段，高能耗、高排放、低效益的传统工业制造业占比大，对能源消耗的依赖性高，能源需求仍将刚性增长。根据国家统计局数据，截至2023年年底，中国服务业占GDP的比重为54.6%，相比发达经济体约70%的比重仍有差距。经济发展对能源消耗的依赖性远远高于欧洲等发达国家。在高速发展向高质量发展的转型阶段，经济发展任务艰巨，阶段性结构性问题突出，资源和环境约束更加紧张，加之国际形势复杂严峻，全球宏观经济发展不稳定性明显增强，使产业结构调整面临的风险和不确定性增大。中国三大产业增加值占国内生产总值的比例如图 1-10 所示。

年份	第一产业	第二产业	第三产业
2013	8.9	44.2	46.9
2014	8.6	43.1	48.3
2015	8.4	40.8	50.8
2016	8.1	39.6	52.7
2017	7.5	39.9	52.7
2018	7	39.7	53.3
2019	7.1	38.6	54.3
2020	7.7	37.8	54.5
2021	7.2	39.3	53.5
2022	7.3	39.3	52.8
2023	3.9	41.8	54.6

图 1-10　中国三大产业增加值占国内生产总值的比例

（资料来源：国家统计局）

（2）煤炭比例高。中国能源消费结构不平衡，化石能源占比过高，以煤炭为主。根据国家统计局、海关总署数据统计，截至 2023 年年底，中国为全球最大的油气进口国，原油、天然气和煤炭等能源产品合计进口 3.19 万亿元，同比增长 40.9%，占进口总值的 17.6%，对外依存度分别约为 71.2% 和 40.2%。2023 年，中国煤炭消费占比仍比世界平均水平高 30%，主要用于发电和煤化工领域。2023 年，清洁能源在一次能源消费中的占比刚达到 26.4%，其中可再生能源虽然在快速增长，但由于发电成本高、出力不稳定、消费需求弱等因素，综合利用效率不高的问题仍很突出，煤炭退出的能源缺口还难以有效弥补。

（3）碳排放总量大。中国是目前世界上最大的能源生产国和消费国，预计一次能源需求量将于 2035 年前达峰后下降，2050 年需求总量为 $40 \times 10^8 \sim 60 \times 10^8$ 吨油当量，占比不足全球一次能源消费总量半数。根据国家统计局数据，截至 2023 年底，单位 GDP 能源消耗比上年上升 0.5%，为 0.48 吨标煤 /10^4 元（1 吨标煤 =29.307 兆焦），但仍是世界平均水平的 1.5 倍、是经济合作与发展组织国家的 3 倍。根据《世界能源统计年鉴 2024》，截至 2023 年底，二氧化碳排放量达 112.184×10^8 吨，约占全球碳排放的 31.93%，其中化石能源燃烧是主要的碳排放源，约占全部碳排放的 88%。2030 年"碳达峰"要求二氧化碳排放强度较 2005 年下降 65%，"十四五"和"十五五"期间需分别完成 18% 和 17% 的下降幅度，实现该目标的挑战极大。

（4）碳减排进程快。从"碳达峰"到"碳中和"，各经济体的实现路径基本相同，欧盟约经历 70 年，美国、日本约经历 40 年，而中国仅有 30 年时间，缓冲时间极短。同时，因为排放总量更大，且二氧化碳排放峰值后还有一个平台期，中国碳减排过程将呈现比发达国家斜率更陡的下降趋势。欧洲国家从达峰到中和是自然过程，中国则提前设定了时间表，能源转型可能超预期完成，进一步增大了下降斜率。

6. 我国能源转型的目标是什么？

答：可再生能源时代的全球能源转型呈现能耗总量增速逐步放缓，能源供应多元、清洁、低碳，电能使用占比提高的发展趋势。"双碳"目标是中国积极应对气候变化的战略决策，涉及能源革命和发展方式，将有力促进中国经济结构、能源结构、产业结构优化升级，培育形成绿色发展新动能。中国"碳达峰"和"碳中和"主要目标见表 1-1 所列。

表1-1 中国"碳达峰""碳中和"主要目标

主要目标	2025年	2030年	2060年
单位国内生产总值能耗比2020年下降值/%	13.5	大幅下降	—
单位国内生产总值二氧化碳排放比2005年下降值/%	18	65以上	—
非化石能源消费比重/%	20左右	25左右	80以上
森林覆盖率/%	24.1	25左右	—
森林蓄积量/亿立方米	180	190	—
其他	—	风电、太阳能发电总装机容量达到12亿千瓦以上；顺利实现2030年前"碳达峰"目标	"碳中和"目标顺利实现

7. 我国能源转型的形势是什么？

答：中国能源转型面临的形势主要有以下几个方面。

（1）国内外形势的新变化。随着经济社会发展水平的提高，中国能源需求结构和方式发生了深刻变化，从总量型向质量型转变，从粗放型向节约型转变，从高碳型向低碳型转变。同时，国际能源市场和治理体系发生深刻调整，能源供需格局、价格形成机制、技术创新模式等都在发生重大变化，能源安全和气候变化问题日益突出，对中国能源发展提出了新的挑战，也是中国能源发展的新机遇。

（2）能源资源的自然约束。中国是一个能源资源相对匮乏的国家，人均能源资源占有量低于世界平均水平，尤其是油气资源缺乏，长期依赖进口，对外依存度高。随着经济社会发展和人民生活水平的提高，中国能源需求将持续增长，能源资源供需矛盾将进一步加剧。因此，必须加快推进能源结构调整和多元化发展，提高能源自给率和安全保障水平。

（3）生态环境的严峻挑战。中国是一个人口众多、国土广阔、生态复杂多样的国家，生态环境保护事关国家安全和民族未来。长期以来，由于经济社会快速发展和能源消费结构不平衡等原因，中国面临着空气污染、温室气体排放增加、生物多样性下降等问题，因此，必须加快推进能源清洁低碳发展，减少污染物排放。

（4）科技创新的新动力。科技创新是引领发展的第一动力，也是推动能源转型发展的核心支撑。近年来，以信息技术、生物技术、新材料技术等为代表的新一轮科技革命和产业变革悄然兴起，为能源领域带来了新的机遇和挑战。当前，中国在核电、风电、光伏等领域已经取得了一批重大突破和创新成果，为能源转型发展提供了强大动力。因此，应当继续加快推进能源科技创新，提高能源技术装备水平，培育新的能源增长点。

8. 我国推进能源转型的要求是什么？

答："碳达峰"和"碳中和"是一场广泛而深刻的经济社会系统性变革，能源转型是一个复杂艰巨的系统工程。未来几年是"碳达峰"的关键期，能源转型需要提前谋划、准确研判、稳步推进。

（1）统筹发展与安全，保障社会经济与能源供应。深刻把握保障能源供应底线要求。推进"双碳"工作，必须把保障能源安全供应和经济社会平稳健康发展摆在首要位置，不能丢了"饭碗"谈转型，必须确保能源的"饭碗"端在自己手里。当前面临降碳任务之重、时间之紧迫前所未有，"十四五"时期是为如期实现"双碳"目标打好基础的关键时期，必须抓住用好这个关键窗口期，加大力度协同推进能源低碳转型与能源安全供应保障，坚定不移地走生态优先、绿色低碳的高质量发展道路，以行业自身深刻变革带动经济社会系统性变革，助力加快实现绿色低碳转型。

（2）统筹长期与短期，加快建设能源强国。坚持先立后破，构建清洁低碳安全高效能源体系。加快能源结构调整步伐，能源生产环节持续降碳提效。坚持双向发力，推动能源生产和消费优化升级，引导供给侧和消费侧双向发力。在供给侧，立足以煤为主的基本国情，发挥煤炭煤电对新能源发展的支撑调节和兜底保障作用；在消费侧，推动钢铁、有色、建材等行业减煤限煤，严控"两高一低"项目盲目发展，开展重点领域节能升级改造，推动企业提高绿色能源使用比例和电气化水平。推动出台电能替代的相关政策，进一步提高电能占终端用能比重。大力倡导绿色低碳生活方式，增强全民生态环保意识。坚持创新引领，持续推进能源绿色低碳科技革命。

（3）统筹整体与局部，实现"碳达峰"和"碳中和"。加强政策衔接，以国家顶层设计作为落实能源行业任务的根本遵循，充分考虑区域资源分布和产业分工的客观现实，科学确定能源产业结构调整方向和"双碳"实施方案。加强规划衔接，科学提出煤油气电行业降碳分步骤的时间表、路线图、施工图，协同推进各能源品种碳排放梯次达峰。推动体制创新，落实新增可再生能源和原料用能不纳入能源消费总量控制，建立统一规范的碳排放统计核算体系，推动能耗"双控"向碳排放总量和强度"双控"转变。推进适应能源转型的电力市场体系建设，扎实推进油气管网改革。持续完善绿色低碳政策体系，建立健全多能源品种协同互济、源网荷储集成优化的体制机制，强化财税、金融、环保、国土等政策协同。

9. 中国能源转型措施有哪些？

答：中国能源转型发展的措施主要有以下几个方面：

（1）实施能耗双控制度。能耗双控主要指能耗总量和强度双控，应建立健全能耗总量和强度双控制度，实行省级能耗总量指标分解和考核制度，建立能耗总量管理制度，推动重点行业、重点领域、重点企业实施能耗限额管理。

（2）优化能源消费结构。到2030年，我国非化石能源占一次能源消费比重要达到25%，新增能源需求主要依靠清洁能源来满足。为此，我国应大力推进终端用能清洁化，加快电力替代、天然气替代、可再生能源替代等工作，提高清洁低碳能源在终端用能中的比重；同时，加强对煤炭等高碳能源的消费控制，严格执行煤电超低排放和节能环保标准，淘汰落后产能和设备。

（3）建设多元清洁的能源供应体系。开发利用非化石能源是推进能源绿色低碳转型的主要途径。中国把非化石能源放在能源发展优先位置，大力推进低碳能源替代高碳能源、可再生能源替代化石能源。为此，我国将优先发展可再生能源，大力推进风电、光伏等新型可再生能源大规模发展；安全有序发展核电，积极推进核电技术创新和示范工程建设；清洁高效开发利用化石能源，加快油气勘探开发和储运体系建设；加强储运调峰体系建设，完善跨区域、跨省市输送网络和储存设施。

（4）发挥科技创新第一动力作用。中国将能源作为国家创新驱动发展战略的重要组成部分，把能源科技创新摆在更加突出的地位。《国家创新驱动发展战略纲要》将安全清洁高效的现代能源技术作为重要战略方向和重点领域。为此，我国将完善能源科技创新政策顶层设计，加大对基础研究、共性技术、颠覆性技术等方面的投入；建设多元化多层次的科技创新平台，支持企业、高校、科研机构等开展合作创新；开展重大领域协同科技创新，抓好碳捕集利用与封存（CCUS，如图1-11所示）、氢能与燃料电池、智慧能源等领域的攻关；依托重大工程项目提升技术装备水平；支持新技术、新模式、新业态发展。

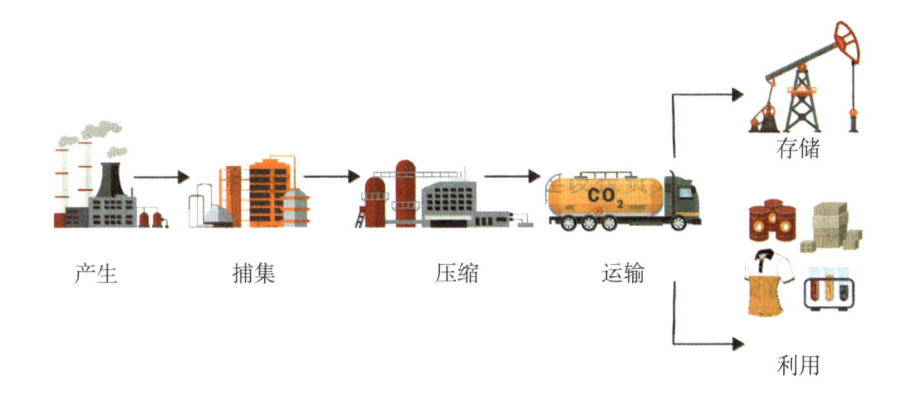

图 1-11　碳捕集利用与封存（CCUS）技术流程

第 2 章　能源绿色低碳转型

2.1　绿色能源开发

1. 什么是绿色能源？

答：绿色能源也称"清洁能源"，它可分为狭义和广义两层涵义。狭义的绿色能源是指可再生能源，这些能源消耗之后可以恢复补充，很少产生污染，如水能、生物能、太阳能、风能、地热能和海洋能等。广义的绿色能源则包括在能源的生产及消费过程中，选用对生态环境低污染或无污染的能源，如天然气、清洁煤和核能等。

2. 风力发电的原理是什么？

答：风是空气流动的结果，它是由地球自转和太阳辐射作用形成的。风力发电的原理是利用风的动力，通过风车叶片的旋转驱动发电机转子转动，从而把风能转化为电能，如图 2-1 所示。依据风机技术，大约每秒三米的风速，便可以开始发电。因为风力发电不需要使用燃料，也不会产生辐射或空气污染，所以风力发电正在世界上形成一股热潮。

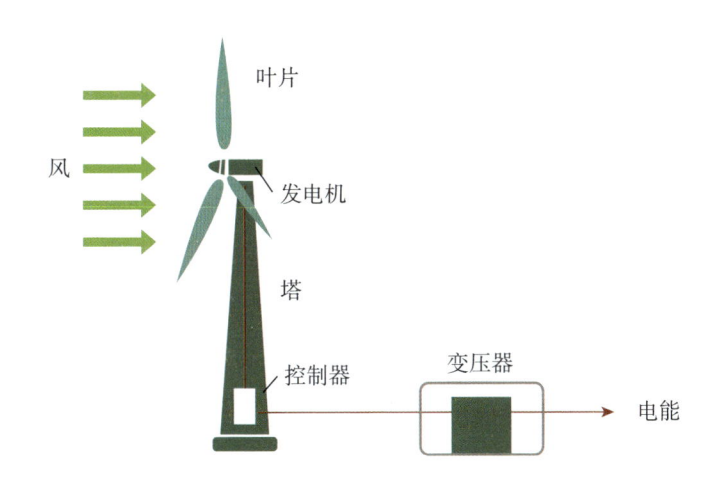

图 2-1 风力发电原理图

3. 风力发电机的分类有哪些？

答：风力发电机可依据发电机主轴方向、输出容量和选址等维度进行分类。

风力发电机按照风力发电机主轴方向不同可分为水平轴风力发电机和垂直轴风力发电机。水平轴风力发电机的旋转轴与地面平行，其叶片旋转空间大，转速高，结构简单，目前用于发电的风力发电机都为水平轴风力发电机。垂直轴风力发电机的旋转轴与地面垂直，对风的转向没有要求，发电效率高，但其转速相对较慢，设计复杂，造价较高，发展相对缓慢，还没有商业化的垂直轴风力发电机。

按照风力发电机的输出容量可将风力发电机分为小型、中型和大型。

按照风力发电机的发电机类型可分为异步型风力发电机和同步型风力发电机。

按照风力发电机的转速可分为定速风力发电机和变速风力发电机。

按照风力发电机的机械形式可分为有齿轮箱的风力发电机、无齿轮的风力发电机和混合驱动型风力发电机。

按照风力发电机的选址可分为陆地风力发电机和海上风力发电机。这两种发电机的工作原理相同，通常采用水平轴结构，最明显的区别是风电场的位置。陆地风力发电机的可预测性和可靠性略低于海上风力发电机，但海上风力发电机需要平台、水下电缆、互连和其他因素（如额外的安全功能），这些都会增加安装成本，因此陆地风力发电机较为普遍。

4. 风力发电的发展现状如何？

答：世界风电技术发展已经有一百多年历史。过去由于经济性不高、供电稳定性差等原因，应用较为局限，到 20 世纪末仍没有实现广泛应用。进入 21 世纪，随着电力电子、材料和控制等技术的创新发展，风电装机容量和效率大幅提升，商业化应用规模不断扩大。1999 年，世界上第一台兆瓦级风机在丹麦投运，目前丹麦已成为世界上生产风力发电设备的大国。

我国陆地风电技术相对成熟，全球最大的陆地风电场位于我国的甘肃酒泉风力发电基地，装机容量 1 418 万千瓦。我国海上风电技术虽然起步较晚，但发展迅猛，已进入规模化开发阶段。2023 年 7 月，全球首台 16 兆瓦超大容量海上风电机组在三峡集团福建海上风电场并网发电，是目前全球单机容量最大、叶轮直径最大、单位兆瓦重量最轻、总体技术水准最高的风电机组，这标志着我国在海上风电系统总成和大容量机组的制造能力上实现了重要突破，达到国际领先水平。海上风机安装船是海上风机建设的核心技术，世界上最大的海上风机安装船"伏尔泰"号也是由我国建造，该船船长 181 米、船宽 60 米、型深 14.6 米、桩腿高度 131.94 米，可在 80 米以下水深内进行作业，其主吊起重能力

3 200 吨，甲板有效载荷约 14 000 吨。在大型风电场建设方面，根据全球风能理事会（GWEC）历年发布的《全球风能报告》的数据统计，中国是世界上建设大规模风电场最多的国家，2010 年年底，我国风力发电累计装机容量达到 4 182.7 万千瓦，跃居世界第一。此后，风电装机一路领跑，截至 2023 年年底，已连续 14 年居全球第一。

5. 太阳能发电的原理是什么？

答：太阳能发电主要包括光伏发电和光热发电。光伏发电是利用太阳能光伏电池的光生伏特效应，将太阳光能直接转化为电能，其原理如图 2-2 所示。光热发电是指利用大规模阵列抛物或碟形镜面收集太阳热能，通过换热装置提供蒸汽，再推动汽轮发电机发电。太阳能是地球上较丰富的能源资源，随着太阳能发电技术和全球能源互联网的发展，太阳能将成为未来潜力最大、增长最快的能源。

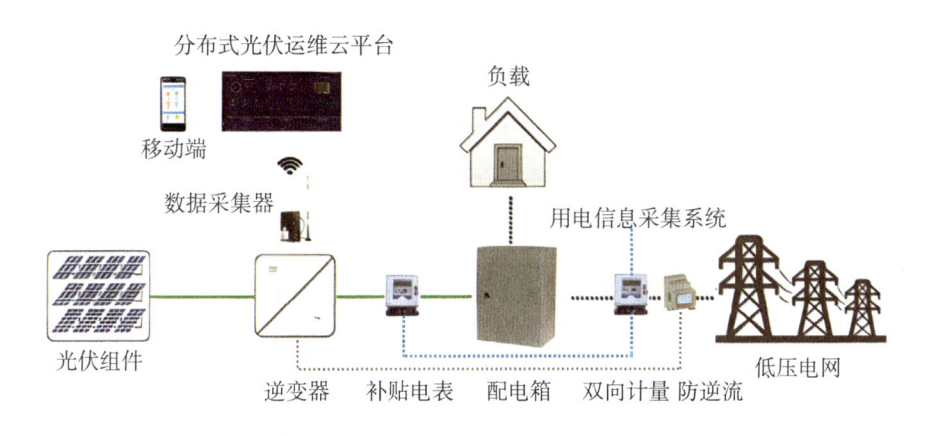

图 2-2 光伏发电原理图

6. 光伏发电的形式有哪些？

答：光伏发电主要有硅基、薄膜和聚光太阳能发电三种形式。硅基太阳能发电较为成熟，已经实现商业化应用，最高能量转化效率可以达到20%左右。钙钛矿电池是最受关注的薄膜太阳能电池，其能量转化效率从最初的3%快速提高到25%以上。聚光太阳能发电是利用折射镜将太阳能聚焦在光伏发电材料上，提高单位面积上的光照强度，在500倍聚光条件下可将转化效率提高到40%以上。

7. 光伏发电有哪些前沿技术？

答：随着新材料的广泛应用，太阳能发电在提高转化效率、降低发电成本、实现大规模商业化应用方面有着巨大的技术创新空间和广阔的发展前景。

在提高转化效率方面，主要有研制新材料、改进电池构造、光伏光热联合优化运行三种技术路径。在降低成本方面，主要依靠改进和节省材料。钙钛矿电池、多PN结电池、光伏光热联合运行和碘化铜、二维电池等多种材料和技术的突破，将大大提高太阳能发电效率，节省装机材料和成本。如果能够实现大规模商业化应用，太阳能光伏发电的经济性和市场竞争力将大幅度提升，从而推动清洁能源替代发展进程。

8. 光伏发电的发展现状和前景如何？

答：自1954年第一块光伏电池问世以来，光伏发电技术取得了长足发展，至今已经历了三个发展阶段，分别为实验室阶段、初步商业化应用阶段、迅猛发展阶段。截至目前，中国最大的光伏发电基地是青海塔拉滩光伏电站，面积609平方千米，年均发电量8 464.83万千瓦时，相当于年节约标准煤2.6万吨，减排二氧化碳7.84万吨。

国家明确提出鼓励分布式光伏发电系统的发展，因而分布式光伏发电和建筑光伏一体化将成为我国光伏产业的重要发展方向，诸如太阳能照明或者屋顶太阳能之类的太阳能下游市场将会得到大力发展。今后，光伏并网电路的拓扑结构、分布式光伏发电系统的能量管理，对光伏发电系统的远程控制、监控和显示等相关技术，也会得到更多的研究与开发。未来一段时间内，我国的光伏发电技术应用将主要集中在城市并网光伏发电、荒漠和海岛等地区的供电、景观和发光二极管（LED）照明等商用领域。

9. 光热发电的发展现状和前景如何？

答：光热发电集发电与储热为一体，具有灵活可控等优势，可快速深度参与电网调峰，宜与风电、光伏等新能源发电互补运行，是极具发展前景的可再生能源发电技术，受到世界各国的重视，得到了积极研究和应用推广。截至2023年年底，全球光热发电累计装机容量达到7 550兆瓦，我国兆瓦级规模以上光热发电机组累计装机容量为588兆瓦，与风电、光伏发电相比，光热发电规模化发展任重道远。

国家能源局发布的《关于推动光热发电规模化发展有关事项的通知》提出，结合沙漠、戈壁、荒漠地区新能源基地建设，尽快落地一批光热发电项目。力争"十四五"期间，全国光热发电每年新增开工规模达到300万千瓦。这意味着我国光热发电规模化发展拉开序幕。

10. 什么是生物质能？其原材料有哪些？

答：生物质能是可再生能源中的一种，一般是指以各种生物质为载体，通过生物光合作用储存的化学态能。生物质能的原材料多种多样，常见的生物质能原材料有农业生产中的副产品，如农作物秸秆、林业生产中废弃的木屑，以及城市园林工程中的树枝、落叶等。除此之外，一些常见的生活垃圾、有机废水及养殖业产生的禽畜粪便等也属于生物质能的范畴，都可以通过各种转化过程对能量进行回收利用。中国是一个农业大国，生物质能资源较为丰富，这也是中国发展生物质能行业的一个有利条件，但目前对生物质能资源的利用较为有限。在多种多样的生物质能资源中，林业木质剩余物的规模最为庞大。林木枝叶和林业废弃物年可获得量约为 9 亿吨，其中约有 3.5 亿吨可用于能源利用，按照标准煤的折合量来计算，其最大折合标准煤量达到了 2 亿吨。我国农作物秸秆年产生量约为 10 亿吨，除了部分被用作造纸原料和畜牧饲料外，大约有 3.4 亿吨的秸秆可用作燃料。近年来，我国粮食产量增长的同时提供了大量秸秆资源，随着粮食产量的增加，预计未来秸秆资源总量也将保持稳定上升。

11. 生物质能是如何利用的？

答：生物质能不仅原材料来源多，利用方式也比较灵活，这也是生物质能与其他可再生能源相比的一个主要优势。根据原材料不同，生物质发电主要有农林废弃物发电、垃圾发电和沼气发电。农林废弃物发电的主要燃料是农作物秸秆、林业废弃物等，燃烧秸秆发电原理如图 2-3 所示。垃圾发电的燃料主要是城市固体垃圾。沼气发电的主要燃料有禽畜粪便、秸秆、杂草、垃圾、污水、污泥等。

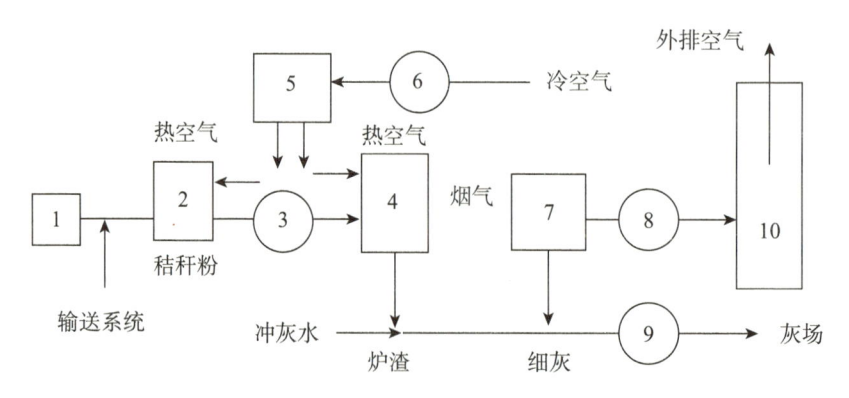

1—生物质储存区；2—粉碎系统；3—排粉风机；4—锅炉；5—空气预热器；6—送风机；7—除尘器；8—引风机；9—灰渣泵；10—烟囱。

图 2-3 燃烧秸秆发电原理图

12. 中国生物质能发展现状及前景如何？

答：生物质发电起源于丹麦，于 2006 年走进中国，并得到了迅猛的发展。生物质发电在中国已经形成了一个完整的产业链，成为环保型能源产业。根据国家能源局的数据，2023 年我国生物质能发电累计装机规模达到 4 195 万千瓦，同比增长 8%，其中垃圾焚烧发电装机规模为 2 386 万千瓦，占比 57%；农林生物质发电装机规模为 1 623 万千瓦，占比 39%；沼气发电装机规模为 122 万千瓦，占比 3%。从地域分布来看，广东、山东、浙江、江苏和黑龙江是生物质能发电的主要省份，累计装机规模分别为 422 万千瓦、411 万千瓦、367 万千瓦、362 万千瓦和 316 万千瓦，占全国总装机规模的 46%。我国目前最大的生物质发电厂是位于广东省韶关市新丰县的韶能集团新丰旭能生物质发电厂，装配 6 台 130 吨每小时的生物质锅炉和 6 台 30 兆瓦装机容量的汽轮发电机组，总装机规模达 180 兆瓦，年发电量超 13 亿度。

生物质能作为一种重要的可再生能源，具有绿色、低碳、清洁的特点，不仅可以稳定发电，还能参与电力调峰。然而，由于成本过高，纯发电项目的盈利能力较低，生物质能产业的发展面临挑战。在这种情况下，产业转型升级和跨产业、跨行业的融合协同发展成为生物质能发展的新方向。要抓好生物质能在绿色电力及热电产业、生物天然气（沼气）产业、生物醇油产业、绿色固体燃料及储能产业、生物肥料产业、土壤修复与灌草种植产业、生化制氢产业、装备制造产业等八大产业的规划布局，通过构建生态农业、畜禽养殖、有机肥料和规模化生物燃气四大基地，建立生态农业、特色养殖和生物天然气绿色、循环、永续发展新模式，推动生物质能行业多产业链整体高质量发展。

13. 什么是水能资源？有哪些分类？

答：水能是一种能源，是指水体的动能、势能和压力能等能量资源。水能是一种绿色可再生清洁能源。广义的水能资源包括河流水能、潮汐能、波浪能、海流能等。人们最易开发和利用的、技术比较成熟的水能是河流水能，也是狭义的水能资源。根据世界能源委员会出版的《可再生能源资源》，水资源划分为理论可开发水能资源、技术可开发水能资源和经济可开发水能资源三类。由于技术条件限制，河流部分的水量和落差不能被全部利用，能量之间的互相转变存在着一定的损耗，所以通常情况下技术可开发水能资源与其理论可开发水能资源相比要低一点。将技术可开发资源量作为基础，考虑输电距离、造价、淹没损失等因素得到的经济可开发水能资源要小于技术可开发量。

14. 我国水能资源储存现状如何？

答：我国幅员辽阔，河流众多，大部分位于温带和亚热带季风气候区，降水量和河流径流量丰沛；地形西部多高山，并有世界上最高的青藏高原，许多河流发源于此；东部为江河的冲积平原；在高原与平原之间又分布着若干次一级的高原区、盆地区和丘陵区。地势的巨大高差，使大江大河形成极大的落差，如径流丰沛的长江、黄河等落差均超过4 000米。因此，我国的水能资源非常丰富，但水能的蕴藏量与河流流量、蒸发量、降水量等因素相关，不同地区河流千差万别，气候也有所不同，所以不同地区的水能资源蕴藏量也出现差异较大的现象。我国水能资源的地区分布很不平衡，长江流域及以南地区土地面积只占全国的36.5%，其水资源量占全国的81%；淮河流域及其以北地区的土地面积占全国的63.5%，其水资源量仅占全国水资源总量的19%。

15. 我国水电开发利用情况如何？

答：我国水电开发较国外起步晚，且发展缓慢。中国的第一座水电站是石龙坝水电站，于1910年在云南省昆明市建立，该水电站前后经过7次扩建，到2024年装机容量达到7 360千瓦。1950年以后，我国水电有了较大的发展。从装机容量来看，长江流域水电站装机容量最大，水电站分布也最多，比较著名的有三峡、葛洲坝、白鹤滩、溪洛渡、乌东德、向家坝等。近年来，我国水电装机容量持续增长，2018—2020年增速较低；2021年和2022年，随着白鹤滩水电站、乌东德水电站、两河口水电站、苏洼龙水电站等大型水电站发电机组投产，水电装机容量增速较高。截至2023年年底，我国水电装机容量为42 154万千瓦，同比增长1.8%。

16. 中国水电基地有哪些？

答：我国的河流流域划分为内流河流域、松辽流域、海河流域、黄河流域、淮河流域、长江流域、珠江流域、东南诸河流域、西南诸河流域这九大流域片区，水力资源丰富，经过数次规划，到2003年形成了金沙江水电基地、雅砻江水电基地、大渡河水电基地、乌江水电基地、长江上游水电基地等十三大水电基地，详细见表2-1所列。

表2-1 我国十三大水电基地

流　域	水电基地
长江流域	金沙江水电基地
	雅砻江水电基地
	大渡河水电基地
	乌江水电基地
	长江上游水电基地

续　表

流　域	水电基地
长江流域	湘西水电基地
黄河流域	黄河上游水电基地
	黄河中游水电基地
珠江流域	南盘江、红水河水电基地
松辽流域	东北水电基地
东南诸河	闽浙赣水电基地
西南诸河	澜沧江干流水电基地
	怒江水电基地

我国最大的水电基地是金沙江水电基地，也是"西电东送"的重要能源基地。该水电基地规划有溪洛渡、向家坝、乌东德、白鹤滩4座特大型梯级水电站，这4座水电站的装机容量和发电量之和超过了两个三峡工程的装机容量，高达4 480万千瓦。雅鲁藏布江大型水电基地是近几年新规划的水电站，已被纳入"十四五"规划，其设计技术可开发水能资源装机容量居于全国第一，建成后将是中国最大的水电能源基地。

17. 我国水电开发有哪些问题？

答：水能作为基础性的自然资源、战略性的经济资源和公共性的社会资源，在我国能源构成中占有非常重要的地位。水电工程涉及面广，环境影响大，是一个多层次、多方位、多因素的综合系统。我国在水电建设方面克服了施工技术、技术装备、运行管理等诸多方面的难题，成功建设了许多大型水电站，水电开发已进入一个崭新的发展阶段，但是我国水电仍然存在着较多影响其正常开发利用的问题。首先，在水电站建设期占用大量土地，破坏植被，造成耕地淹没，引发水土流失，大坝修建期改变动植物的栖息环境，对地质环境也造成一定影响。其次，我国大型水库发展滞后，调节能力有待提高，不仅影响着我国水安全，也极大影响着我国水力发电的电能质量。再次，库区的移民问题，是影响我国水电开发建设的主要问题之一。最后，我国水电面临的最严峻的问题就是大面积弃水严重，消纳形势严峻。

水电开发像一把双刃剑，国内外各界人士对水电利弊的争论一直处于非常激烈的状态，但从我国的国情和发展目标看，水电开发仍然是非常有必要的，我国经济的持续、快速发展离不开水电。因此，人们要正确地、综合地看待水电开发过程中产生的各种利弊效应，对其进行全面评估，实现因势利导、趋利避害的开发目标。

18. 核电的发展背景是什么？

答：核能是当今世界最重要的能源之一，核能民用主要用于发电，核电是我国乃至世界电力体系中的重要支柱。核电厂利用核燃料裂变能量进行发电，核燃料裂变反应不会产生大气污染等问题，因此核能是一种清洁高效能源。随着社会经济水平的不断提升，人们对生活环境的要求逐渐提高，对大气质量、温室效应等问题越来越关注。因此，积极推进核电建设，对于保护生态环境、提高人们的生活质量十分必要，同时对于满足社会电力需求、提升我国技术研发水平和实现制造强国具有战略意义。

19. 我国核电发展历程如何？

答：新能源是21世纪世界经济发展中最具决定力的五大技术领域之一，而核能是一种相对高效、清洁的新能源。20世纪70年代，民用核工业发展相对滞后，核能的利用没有太大的发展。20世纪80年代初，中国首次制定了核能的发展政策，即决定发展压水堆核电厂，采用"以我为主，中外合作"的方针，先引进外国先进技术，再逐步实现设计自主化和设备国产化，我国核电事业开始起步。1991年12月是我国核电发展史上一个重要的时间点，这一年秦山核电站正式并网发电。

纵观核电发展历史，核电站技术方案大致可以分四代：第一代核电站为原型堆，证明了利用核能发电的技术可行性；第二代核电站为技术成熟的商业堆，证明了利用核能发电的经济可行性，目前在运的核电站绝大部分属于第二代核电站；第三代核电站为符合美国出台的《先进轻水反应堆用户要求文件》或欧洲出台的《欧洲用户对轻水堆核电站的要求》的核电站，其安全性和经济性均较第二代有所提高，目前已成为发展的主流；第四代核电站强化了可持续性和安全性等方面的要求，未来第四代核电技术将得到快速发展，全球首座第四代核电站华能山东石岛湾核电站于2023年12月正式投入商业运行。我国核电行业正处于快速发展阶段，核电装机容量逐年递增，核电在建规模持续保持世界第一。根据国家能源局数据，截至2023年年底，我国核电运行机组共55台（不含台湾地区），装机容量为5 691万千瓦。

我国在核电总体设计、核岛设计、关键设备和材料国产化、先进燃料元件制造、数字化仪控系统开发等方面都取得了重大进展，自主设计三代核电"华龙一号"，拥有完全自主知识产权。"华龙一号"采用177堆芯、能动与非能动结合的安全系统，单堆布置，抗大飞机撞击，具有比较完善的严重事故预防和缓解能力。2020—2023年，"华龙一号"全球首堆示范工程——中核集团福清核电机组和防城港核电机组先后并网成功，后投入商业运行。2021年，"华龙一号"走向国际，海外首堆工程巴基斯坦卡拉奇机组正式投入商业运行。

20. 我国核电发展目标是什么？

答：全球目前正面临气候变暖带来的严重环境、生态问题，我国也承受着较大的压力和挑战。我国发展核电，近期目标是满足经济社会发展对能源的需求，远期目标是实现清洁能源的替代，减少化石能源的比重，是推动能源革命的一项重要举措。我国《"十四五"现代能源体系规划》提出，积极安全有序发展核电，到 2025 年，核电运行装机容量将达到约 0.7 亿千瓦。根据中国能源报相关数据，到 2035 年，我国在运核电装机将达 1.5 亿千瓦，在建规模 5 000 万千瓦，未来新增装机"主角"正是以"华龙一号"等为代表的自主三代核电机组。

21. 什么是地热能？

答：地热能是来自地球深处的热能，源于地球的熔融岩浆和放射性物质衰变。在地壳中，地热可分为三个带，即可变温度带、常温带和增温带。可变温度带，由于太阳辐射的影响，其温度有着昼夜、年份、世纪，甚至更长的周期性变化，深度一般为 15～20 米；常温带，其温度变化幅度几乎等于零，深度一般为 20～30 米；增温带，在常温带以下，温度随深度增加而升高，其热量的主要来源是地球内部的热能。地热的生成是有规律的，从地表向地球内部，温度逐渐上升。在地壳的常温带以下，地温随深度增加而不断升高。在地壳层最上部的十几千米的范围内，深度每增加 30 米，地热的温度大约升高 1 摄氏度；在地下 15～25 千米的范围内，深度每增加 100 米，地热的温度大约升高 1.5 摄氏度；到了 25 千米以下的区域，深度每增加 100 米，地热的温度大约只升高 0.8 摄氏度；从这个区域再往下深入到一定程度，其温度就基本上保持不变了。地球内部的放射性物质在不停地衰变并放出大量的热能。地球通过火山爆发、间歇喷泉和温泉等途径，源源不断地把内部的热能通过传导、对流和辐射的方式传到地面上来。根据《中国地热能发展报告（2018）》白皮书，专家估算，地球陆地以下 5 千米内，15 摄氏度以上岩石和地下水总含热量相当于 9 950 万亿吨标准煤所含热量。

22. 地热能开发利用现状如何？

答：地热发电已有百年历史。1904 年，意大利托斯卡纳的拉德瑞罗地热电站第一次利用地热驱动小型发电机发电，发电功率为 0.55 千瓦，可提供 5 个 100 瓦的电灯照明用电。1960 年，美国第一座装机量 11 兆瓦的地热电站在加利福尼亚州盖瑟尔斯地热田建成，并顺利运行长达 30 年。根据国际可再生能源组织的统计数据，截至 2023 年年底，全球地热能发电总装机容量 16 335 兆瓦，较 2022 年新增装机容量 208 兆瓦。

根据国家地热能中心 2023 年度工作会议资料，截至 2023 年年底，我国地热能资源丰富，资源量约占全球地热资源的 1/6，开发利用潜力巨大，336 个主要城市浅层地热资源年可采量折合标准煤约 7 亿吨，水热型地热资源年可采量折合标准煤 18 亿多吨，地下 3 000 至 10 000 米的干热岩型地热资源量折合标准煤约 856 万亿吨。

与世界许多国家相比，我国的地热能开发尤其是地热发电明显滞后。从地热能发电装机容量指标来看，我国已由 20 世纪 70 年代末的世界第 8 位，下降到了 2023 年的第 19 位。由于没有明确的上网电价等扶持政策，地热发电技术也有很多欠缺，行业标准尚待完善，我国地热能商业发电发展缓慢。

国家发展改革委、国家能源局等联合发布的《关于促进地热能开发利用的若干意见》提出，到 2025 年，地热能供暖面积比 2020 年增加 50%，在资源条件好的地区建设一批地热能发电示范项目，全国地热能发电装机容量比 2020 年翻一番。随着一系列政策措施的发力，我国地热产业不断释放潜力。未来几年,我国北方地区地热清洁供暖、长江中下游地区地热供暖、青藏高原及其周边地区地热发电仍将是产业发展热点。

23. 什么是海洋能?如何分类?

答:海洋能是指依附在海水中的可再生能源,可分为波浪能、潮汐能、潮流能、海流能、温差能、盐差能等。波浪能是海洋波浪中所蕴藏的能量。潮汐能和潮流能来自月亮和太阳引力作用下产生的涨落潮运动,海水的垂直升降成为潮汐,海水的水平运动成为潮流,前者为势能,后者为动能。潮汐能电站示意图如图 2-4 所示。海流能是由于海水温度、盐度的分布不均而形成的密度和压力梯度产生的洋流能量。温差能是在低纬度海洋中,海洋表层和深层吸收太阳辐射量不同,以及大洋环流的径向热量传输,造成表层水温高、深层水温低,导致表层、深层海水温度差形成的能量。盐差能是在海洋的沿岸河口地区,由流入海洋的江河淡水与海水之间的盐度差所形成的能量。

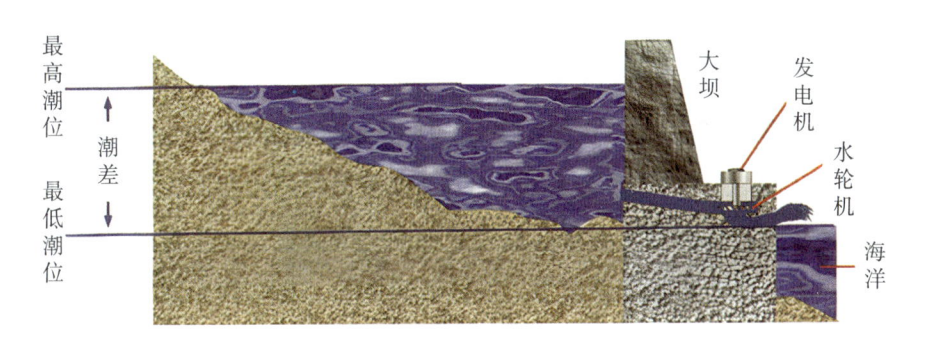

图 2-4 潮汐能电站示意图

海洋能具有总蕴藏量大、可利用形式多、可预测性强、可持续利用、绿色清洁等优点,不仅可将其用于供电,还可用于生产淡水或满足热能需求等。同时,海洋能具有能量密度较低、资源分布不够均匀、资源开发工况较差等不足,在开发利用方面面临较大困难和挑战。

24. 海洋能的应用现状如何？

答：随着全球能源绿色低碳转型，海洋能开发日益受到重视，但仍处于技术研发阶段，产业规模较小，且经济性不高。据国际可再生能源署的统计，目前全球已有31个国家开展了海洋能利用研究工作，其中美国、加拿大、澳大利亚、芬兰、法国、爱尔兰、意大利、葡萄牙、西班牙、瑞典和英国等国家一直处于海洋能源产业开发的前沿，开展了较多的测试项目并投入了较多研发资金。

从技术发展来看，潮汐能发电技术较为成熟，已经进入商业化开发阶段。我国早在20世纪50年代就已开始利用潮汐能，是世界上起步较早的国家，也是商业化利用相对成熟的国家。浙江江厦潮汐发电站建于1985年，是我国运行时间最长、装机容量最大的潮汐能电站，该发电站采用单库双向方式运行，总装机容量4.1兆瓦，仅次于254兆瓦的韩国始华湖电站、240兆瓦的法国朗斯电站、20兆瓦的加拿大安纳波利斯电站，位居世界第四。

波浪能是研究较为广泛的一种海洋能。20世纪80年代以来，波浪能开发目标从向近海、沿岸供电转为向边远沿海和海岛供电，实现中小型实用化、商品化示范应用。

潮流能、海流能都是利用海水水平流动的机械能发电。1976年，在美国佛罗里达海岸的50米水下，成功安装了一台2千瓦的海流能试验发电机。2002年，中国第一座潮流能实验电站在浙江省舟山市岱山县建成，装机容量600千瓦。

温差能和盐差能处于研究初期，温差能是国际上公认最有开发利用价值也是最有潜力的海洋能源，但能量密度低，热效率仅有3%，开发不易，其中中国技术研发起步较晚，装置的装机容量较小，还处在试验验证阶段。

25. 海洋能的应用前景如何？

答：根据国际可再生能源署发布的《海上可再生能源助力蓝色经济发展》报告，到 2030 年，海洋能装机规模将达到 10 吉瓦。潮汐能、潮流能、波浪能、温差能和盐差能发电技术将相继实现成熟和工业化推广。目前，海洋能发电技术基础性研究较多，除潮汐能相对成熟外，其他海洋能均处于发展初期，以技术研发和项目示范为主，且分布相对集中，一直未能实现规模化利用。不同的海洋能品种都需要结合资源赋存条件、具体工况场景加强技术研发和示范性项目建设。

2.2 绿色能源消费

1. 我国的绿色能源消费发展现状如何？

答：我国是全球新能源（主要是风电和光伏，下同）装机规模最大、发展速度最快的国家。根据《2023 年度全国可再生能源电力发展监测评价报告》，截至 2023 年年底，我国风电、光伏发电装机容量分别为 4.41 亿千瓦和 6.09 亿千瓦，约占我国电源总容量的 36%（10 年前为 4.9%）。根据《中国可再生能源发展报告 2023 年度》，截至 2023 年年底，新能源发电量突破 1 万亿千瓦时，占我国总发电量约 15.8%（10 年前约为 2%），新能源已成为我国第二大装机电源，发展十分迅速。目前已建成世界上电压等级最高的交流/直流输电工程、世界上第一个柔性直流电网、世界上最大的电动汽车充电网络等。

2. 绿色能源消费的内涵是什么？

答：顺应全球碳中和发展大势，可再生能源所代表的低碳化、清洁化和高效化能源利用成为能源转型的核心要素之一，实践绿色能源消费的重要性也越来越受到政商及社会的重视。2022年，国家发展改革委等七部门联合印发《促进绿色消费实施方案》，从消费环节入手，设计了绿色低碳循环发展的消费体系，全面促进消费绿色低碳转型升级。

2022年，国家发展改革委等多部联合发布《"十四五"可再生能源发展规划》，明确提出坚持市场主导的基本原则，明确了营造公平、充分竞争市场环境的未来趋势。当前，绿电交易和绿证交易是中国可再生能源电力参与的主要市场机制。

绿电泛指可再生能源发电项目所产生的电力，绿电交易是实现绿色能源生产消费的基石，有助于进一步激发可再生能源产业发展动力、推动新型电力系统建设、促进社会经济低碳转型。2022年1月和5月，广州电力交易中心和北京电力交易中心分别发布了《绿色电力交易实施细则》，对绿电交易的组织、价格、结算、绿证划转等方式和流程进行了细化，为绿电交易常态化开展提供支持。

绿证是能源消费者做出可再生能源使用声明的凭证。绿证的产生是为了解决可再生能源电量的"身份证明"的问题，需具备准确计量、可信任、唯一性、排他性、可追踪等特性。目前被国际社会广泛认可的主流绿证中，政府机构核发的有北美的可再生能源证书、欧盟的能源担保证书、全球可再生能源交易工具等。

3. 绿色能源消费主要包含哪些领域？

答：国务院印发了《2030年前碳达峰行动方案》，指出要将碳达峰贯穿经济社会发展全过程各方面，重点实施能源绿色低碳转型行动、节能降碳增效行动、工业领域碳达峰行动、城乡建设碳达峰行动、交通运输绿色低碳行动等"碳达峰十大行动"。2021年3月，中央财经委员会第九次会议提出，实施重点行业领域减污降碳行动，工业领域要推进绿色制造，城乡建设领域要提升节能标准，交通领域要加快形成绿色低碳运输方式。从中可以看出，随着绿电开发规模的扩大，绿色能源消费主要集中在工业领域、城乡建设和交通领域，其中工业领域是当之无愧的用电大户。

4. 工业领域的绿色能源消费方式有哪些？

答：中华人民共和国工业和信息化部印发的《"十四五"工业绿色发展规划》提出，要提升清洁能源消费比重。具体包括鼓励氢能、生物燃料、垃圾衍生燃料等替代能源在钢铁、水泥、化工等行业的应用；严格控制钢铁、煤化工、水泥等主要用煤行业煤炭消费，鼓励有条件的地区新建、改扩建项目实行用煤减量替代；提升工业终端用能电气化水平，在具备条件的行业和地区加快推广应用绿电设备，其中主要包括电窑炉、电加热炉、电动钻机、电锅炉、热泵等设备。

（1）电窑炉。电窑炉以电为能源，多半以电炉丝、硅碳棒或二硅化钼作为发热组件，依靠电能辐射和导热原理进行氧化气氛烧制。电窑炉操作简单，安全性能好，适用于各种工作场所，在冶金行业、化工行业、陶瓷行业广泛应用。

（2）电加热炉。电加热炉在工业使用过程中，主要用于原油、天然气的加热及矿物油的加工、储存、运输等，在炼油厂中用于润滑油制造过程中溶剂和萃取剂蒸发装置的加热。由于利用导热油加热与利用蒸汽加热相比具有加热均匀、操作简单、安全环保、节约能源、控温精度高、操作压力低等优点，导热油在现代工业生产中已被作为传热介质，得到了广泛的应用。

（3）电动钻机。电驱动钻机具有调速特性好、经济性能高、可靠性强、故障率低、操作更安全、方便、灵活、易于实现自动控制等一系列的优越性，特别是全数字控制系统的出现，使得电驱动控制系统控制性能更完善，可靠性更高，调整及更改功能更便捷，故障诊断及维修更方便。因此，电动钻机得到了广泛的应用。

（4）电锅炉。电热锅炉是以电力为能源并将其转化成热能，经过锅炉转换，向外输出具有一定热能的蒸汽、高温水或有机热载体的锅炉设备。因为目前我国拥有低谷电价优惠政策，夜间的电价比较低廉，因此电锅炉可以利用夜间的低谷电价进行作业，这样就能够一定程度上减少采暖的运行费用，而且能够平衡昼夜的电网负荷。

（5）热泵。热泵是以消耗一部分低品位能源（电能、机械能或高温热能）为补偿，使热能从低温热源向高温热源传递的装置。热泵能将低温热能转变为高温热能，能够提高能源的有效利用率，因此是回收低温余热废热、利用环境介质（地下水、地表水、土壤和室外空气等）中储存的能量的重要途径。

5. 城乡建设的绿色能源消费方式有哪些？

答：2022年，中华人民共和国住房和城乡建设部（简称"住建部"）官网发布了《城乡建设领域碳达峰实施方案》，指出要建立城乡建设绿色低碳发展政策体系和体制机制。在城乡建设中，绿色能源消费方式主要包括电采暖、电灌溉、分布式光伏等多种形式。

（1）电采暖。电采暖是一种将电能转化成热能直接放热或通过热媒介质在采暖管道中循环来满足供暖需求的采暖方式。众所周知，电能无噪声、无废气，是一种环保、清洁的能源，所以电采暖设备在众多采暖设备当中显得十分时尚、优越。

（2）电灌溉。电灌溉以电力为基础驱动水泵代替机械或燃油动力，是农业生产、抗旱、排涝的重要设施，该系统利用电动机带动水泵，进行抽水排涝、引水灌溉等农业生产活动。电灌溉具有低能耗、无污染、高效率、高可靠性等优点，可广泛应用于农田排灌、喷灌、园林喷浇灌、水塔送水、抗洪排涝等领域。

（3）分布式光伏。分布式光伏发电特指在用户场地附近建设，运行方式以用户侧自发自用、多余电量上网，且以配电系统平衡调节为特征的光伏发电设施。冀北地区蕴藏着丰富的太阳能资源，因此在发展分布式光伏项目方面具有得天独厚的优势。例如，位于张家口市张北县的国家风光储输示范工程，是世界上规模最大的集风力发电、光伏发电、储能系统、智能输电于一体的新能源示范工程。这一示范工程依托30余项新技术和119台（套）高新设备，破解了大规模新能源集中并网、集成应用的世界性难题。

6. 交通运输的绿色能源消费方式有哪些？

答：《2030年前碳达峰行动方案》将"交通运输绿色低碳行动"作为"碳达峰十大行动之一"，提出要通过加快形成绿色低碳运输方式，确保交通运输领域碳排放增长保持在合理区间。国务院发布的《空气质量持续改善行动计划》将交通领域的绿色低碳转型放在了更加突出的位置，并提出了具体的量化指标。在交通运输领域，绿色能源消费方式主要包括电动汽车、船舶岸电、电气化铁路等方式。

（1）电动汽车。电动汽车以电代油作为主要驱动力，能够实现尾气"零排放"，比传统的燃油汽车更能够直接地解决能源依赖、尾气排放、环境污染等问题。电动汽车在经济性和实用性方面已经非常接近甚至超越传统的燃油汽车，更加节能和更加环保的电动汽车在世界各个国家和地区逐渐得到推广和应用，这也是汽车工业未来的发展方向。

（2）船舶岸电。目前，国际一些先进港口针对靠港船舶带来的污染问题，直接采用了陆地靠港船舶供电的方法，这种对船舶供电的方式称为港口船舶岸基供电，简称"船舶岸电"。船舶岸电方式的优点如下：

降低废气、尾气排放；有效减少污染物、噪声；舒适性更佳；降低油耗和维护成本；减少周期性费用。这种方式对于保护港区、市区的环境无疑具有十分重要的意义，为未来"绿色港口"建设和发展作出了巨大贡献。

（3）电气化铁路。电气化铁路是以电力机车或动车组列车为主的铁路列车所行走的铁路，它的牵引动力是电力机车，机车本身不带电源，所需电源由电力牵引供电系统提供。

2.3　新型电力系统建设

1. 新型电力系统的建设背景是什么？

答：随着全球气候环境恶化和能源危机的日益加剧，"双碳"已成为全球的共识。

2020年9月22日，国家主席习近平在第七十五届联合国大会一般性辩论上向国际社会宣布："中国将提高国家自主贡献力度，采取更加有力的政策和措施，二氧化碳排放力争于2030年前达到峰值，努力争取2060年前实现碳中和。"这体现了我国应对全球气候变化的领导力和大国担当，为我国应对气候变化、绿色低碳发展明确了目标、指明了方向，具有深远的国际国内影响。

"双碳"目标提出后，能源消费各领域积极采取行动，综合采用减少碳排放、增加碳汇及负排放技术。在能源消费清洁低碳化的进程中，电力是能源转型的中心环节，也是碳减排的关键领域。考虑到我国各类非化石能源资源丰富且开发利用的技术经济性逐渐提高，大力发展新能源是我国电力发展的必然趋势。《"十四五"现代能源体系规划》提出，构建新能源占比逐渐提高的新型电力系统蓄势待发，构建新能源占比逐渐提高的新型电力系统，既是能源电力转型的必然要求，也是实现碳达峰、碳中和目标的重要途径。总体而言，新型电力系统的提出是党中央基于加强生态文明建设、保障国家能源安全、实现可持续发展作出的重大决策部署，对能源行业和电力工业转型发展具有重大战略意义。

2. 新型电力系统的内涵发展如何？

答：关于新型电力系统的定义，有以下几种表述。2021年3月15日，中央财经委员会第九次会议首次提出"建设以新能源为主体的新型电力系统"。2021年9月22日，国务院发布的《中共中央 国务院关于完整准确全面贯彻新发展理念做好碳达峰碳中和工作的意见》继续沿用上述定义。以新能源为主体的新型电力系统要想安全、稳定保供，涉及发、输、配、售、用等各个环节，不是一蹴而就的。2021年10月26日，《2030年前碳达峰行动方案》中提出"构建新能源占比逐渐提高的新型电力系统，推动清洁电力资源大范围优化配置"，指出要提高新能源平衡能力，保障电力系统安全稳定。2021年12月24日召开的2022年能源工作会议明确，传统能源逐步退出要建立在新能源安全可靠替代的基础上，坚持先立后破，解决好新能源与传统能源、新能源与电网之间的矛盾，夯实电力系统稳定基础，才能使能源低碳转型行稳致远。2022年1月28日，《关于加快建设全国统一电力市场体系的指导意见》发布，提出"推动形成适合中国国情、具有更强新能源消纳能力的新型电力系统"。2022年5月14日，国务院办公厅发布的《关于促进新时代新能源高质量发展的实施方案》中，提出建设"适应新能源占比逐渐提高的新型电力系统"。2023年6月2日，国家能源局组织发布的《新型电力系统发展蓝皮书》指出："新型电力系统是以确保能源电力安全为基本前提，以满足经济社会高质量发展的电力需求为首要目标，以高比例新能源供给消纳体系建设为主线任务,以源网荷储多向协同、灵活互动为坚强支撑,以坚强、智能、柔性电网为枢纽平台,以技术创新和体制机制创新为基础保障的新时代电力系统。"

从新型电力系统的表述上可以看出,内涵发展逐步走向适合能源国情的方向,保障电力安全、稳定供应。从开始提出的"以新能源为主体"到"适合中国国情、有更强新能源消纳能力"再到"新能源占比逐渐提高和可再生能源发电成为主体",是新型电力系统构建过程中结合能源结构实际对目标的不断修正和完善。总体来看,最终实现碳达峰和碳中和的远景目标不变,科学规划新型电力系统的构建路径是"双碳"目标实现的基础,也是新型电力系统中各主体发展的边界和指南。①

新型电力系统内涵发展历程见表2-2所列。

表2-2 新型电力系统内涵发展历程

发文时间	发文单位	文件名称	具体表述
2021年3月15日	中央财经委员会第九次会议	《中央财经委员会第九次会议上的讲话》	建设"以新能源为主体"的新型电力系统
2021年10月26日	中共中央、国务院	《中共中央 国务院关于完整准确全面贯彻新发展理念做好碳达峰碳中和工作的意见》	构建新能源占比逐渐提高的新型电力系统,推动清洁电力资源大范围优化配置
2021年12月24日	国家能源局	《2022年全国能源工作会议上的讲话》	传统能源逐步退出要建立在新能源安全可靠的替代基础上

---

① 《新型电力系统发展蓝皮书》编写组.新型电力系统发展蓝皮书[M].北京:中国电力出版社,2023:18.

续 表

发文时间	发文单位	文件名称	具体表述
2022年01月28日	国家发展改革委、国家能源局	《关于加快建设全国统一电力市场体系的指导意见》	推动形成适合中国国情、具有更强新能源消纳能力的新型电力系统
2022年05月14日	国家发展改革委、国家能源局	《关于促进新时代新能源高质量发展的实施方案》	加快构建适应新能源占比逐渐提高的新型电力系统
2023年06月02日	国家能源局	《新型电力系统发展蓝皮书》	构建以高比例新能源供给消纳体系建设为主线任务，以源网荷储多向协同、灵活互动为坚强支撑，以坚强、智能、柔性电网为枢纽平台，以技术创新和体制机制创新为基础保障的新时代电力系统

3. 新型电力系统"新"在哪里？

答：统筹国家能源安全、清洁低碳转型和经济社会高质量发展，立足新发展阶段、贯彻新发展理念、构建新发展格局，需要新型电力系统全环节共同发力，在电源结构、负荷特性、电网形态、技术基础、运行特性等方面主动实现"五个转变"。新型电力系统与传统电力系统转变对比如图 2-5 所示。

	传统电力系统	VS	新型电力系统
电源结构新	可控连续出力的煤电装机占主导	→	强不确定性、弱可控性的新能源发电占比逐渐提高占主导
负荷特性新	刚性、纯消费型	→	柔性、生产与消费兼具型
电网形态新	单向逐级输配电为主	→	包括交直流混联大电网、直流电网、微电网和可调节负荷的能源互联网
技术基础新	同步发电机为主导的机械电磁系统	→	电力电子设备和同步机共同主导的混合系统
运行特性新	发电充裕度保障、实时平衡、大电网一体化控制的源网协调模式	→	非完全实时平衡的源网荷储协调模式

（新型电力系统"新"在哪？）

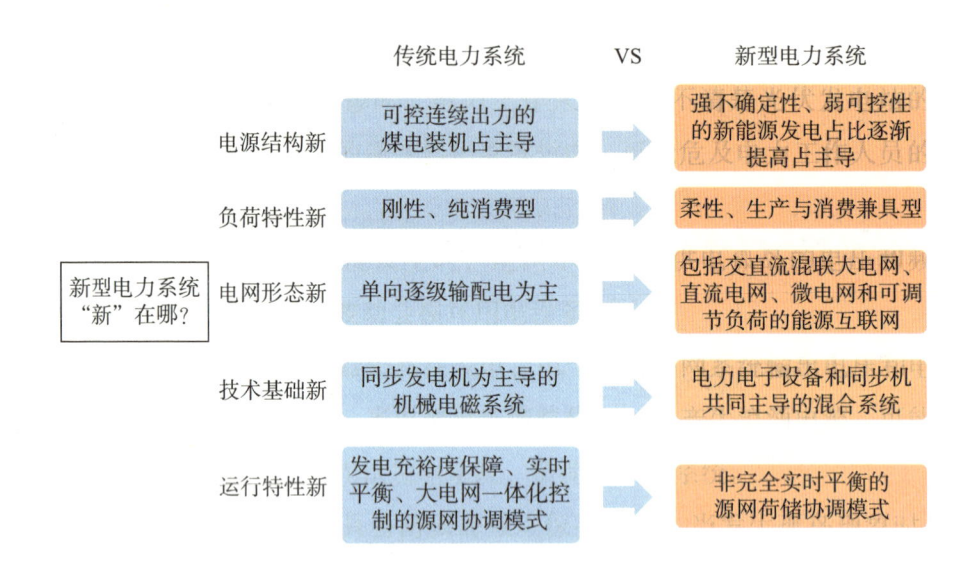

图 2-5　新型电力系统与传统电力系统对比

（1）电源结构新。电源结构由"可控连续出力的煤电装机占主导"向"强不确定性、弱可控性的新能源发电占比逐渐提高占主导"转变，煤电转变为兜底保障、调节与支撑电源，新能源逐步发展为电力电量的供应主体。

（2）负荷特性新。随着分布式电源、多元负荷和储能快速发展，很多用户侧主体兼具发电和用电双重属性，既是电能消费者也是电能生产者，终端负荷特性由传统的刚性、纯消费型向柔性、生产与消费兼具型转变，网荷互动能力和需求侧响应能力不断提升。

（3）电网形态新。由单向逐级输配电为主的传统电网向包括交直流混联大电网、直流电网、微电网和可调节负荷的能源互联网转变，电网扁平化、平台化、去中心化及配电网有源化趋势明显，大电网与配电网、微电网、交流和直流电网协调发展。

（4）技术基础新。由同步发电机为主导的机械电磁系统向由电力电子设备和同步机共同主导的混合系统转变；系统动态特征由机电暂态和电磁暂态过程弱耦合向强耦合转变；系统稳定特性由工频稳定性为主导向工频和非工频稳定性并存转变。

（5）运行特性新。由以发电充裕度保障、实时平衡、大电网一体化控制的源网协调模式向更大时间和空间尺度的非完全实时平衡的源网荷储协调模式转变。

4. 新型电力系统的基本特征？

答：新型电力系统具备安全高效、清洁低碳、柔性灵活、智慧融合的四大重要特征，其中安全高效是基本前提，清洁低碳是核心目标，柔性灵活是重要支撑，智慧融合是基础保障，共同构建了新型电力系统的"四位一体"框架体系，如图2-6所示。

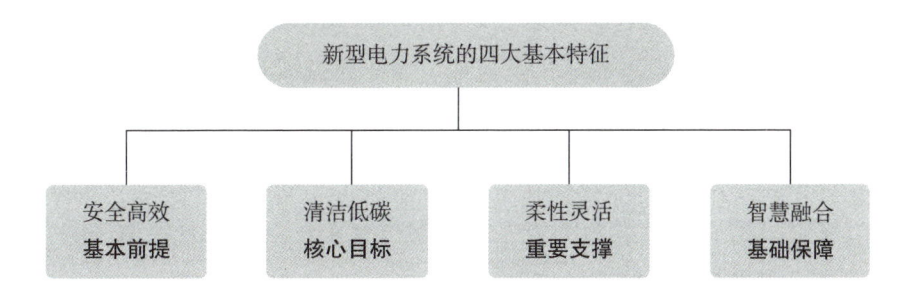

图2-6 新型电力系统的"四位一体"框架体系示意图

（1）安全高效是构建新型电力系统的基本前提。在新型电力系统中，新能源通过提升可靠支撑能力逐步向系统主体电源转变。煤电仍是电力安全保障的"压舱石"，承担基础保障的"重担"。多时间尺度储能协同运行，支撑电力系统实现动态平衡。"大电源、大电网"与"分布式"兼容并举、多种电网形态并存，共同支撑系统安全稳定和高效运行。适应高比例新能源的电力市场与碳市场、能源市场高度耦合，共同促进能源电力体系的高效运转。

（2）清洁低碳是构建新型电力系统的核心目标。在新型电力系统中，清洁能源发电将逐步转变为装机主体和电量主体，核、水、风、光等多种清洁能源协同互补发展，化石能源发电装机及发电量占比下降的同时，在新型低碳、零碳、负碳技术的引领下，电力系统碳排放总量逐步达到"双碳"目标要求。各行业先进电气化技术及装备发展水平取得突破，电能替代在工业、交通、建筑等领域得到较为充分的发展，电能逐步成为终端能源消费的主体，助力终端能源消费的低碳化转型。绿色电力（简称"绿电"）交易消费激励约束机制逐步完善，绿电、绿色电力证书（简称"绿证"）交易规模持续扩大，以市场化方式发现绿色电力的环境价值。

（3）柔性灵活是构建新型电力系统的重要支撑。新型电力系统中，不同类型机组的灵活发电技术、不同时间尺度与规模的灵活储能技术、柔性交直流等新型输电技术广泛应用，骨干网架柔性灵活程度更高，支撑高比例新能源接入系统和外送消纳。同时，随着分布式电源、多元负荷和储能的广泛应用，新型电力系统能够安全稳定运行。辅助服务市场、现货市场、容量市场等多类型市场持续完善，能够有效衔接融合，体现灵活调节性资源的市场价值。

（4）智慧融合是构建新型电力系统的必然要求。新型电力系统以数字信息技术为重要驱动，呈现数字、物理和社会系统深度融合的特点。为适应新型电力系统海量异构资源的广泛接入、密集交互和统筹调度，"云大物移智链边"（云计算、大数据、物联网、移动互联网、人工智能、区块链、边缘计算）先进数字信息技术在电力系统各环节广泛应用，助力电力系统实现高度数字化、智慧化和网络化，支撑源网荷储海量分散对象协同运行和多种市场机制下系统复杂运行状态的精准感知和调节，推动以电力为核心的能源体系实现多种能源的高效转化和利用。

5. 我国新型电力系统建设有哪些重要时间节点及发展路径？

答：构建新型电力系统是一项复杂而艰巨的系统工程，不同发展阶段特征差异明显，需统筹谋划路径布局，科学部署、有序推进。[①] 按照党中央提出的"两步走"战略要求，锚定 2030 年前实现碳达峰、2060 年前实现碳中和的战略目标，基于我国资源禀赋和区域特点，以 2030 年、2045 年、2060 年为新型电力系统构建战略目标的重要时间节点，制定新型电力系统"三步走"发展路径，即加速转型期（当前至 2030 年）、总体形成期（2030—2045 年）、巩固完善期（2045—2060 年），有计划、分步骤推进新型电力系统建设。如图 2-7 所示。

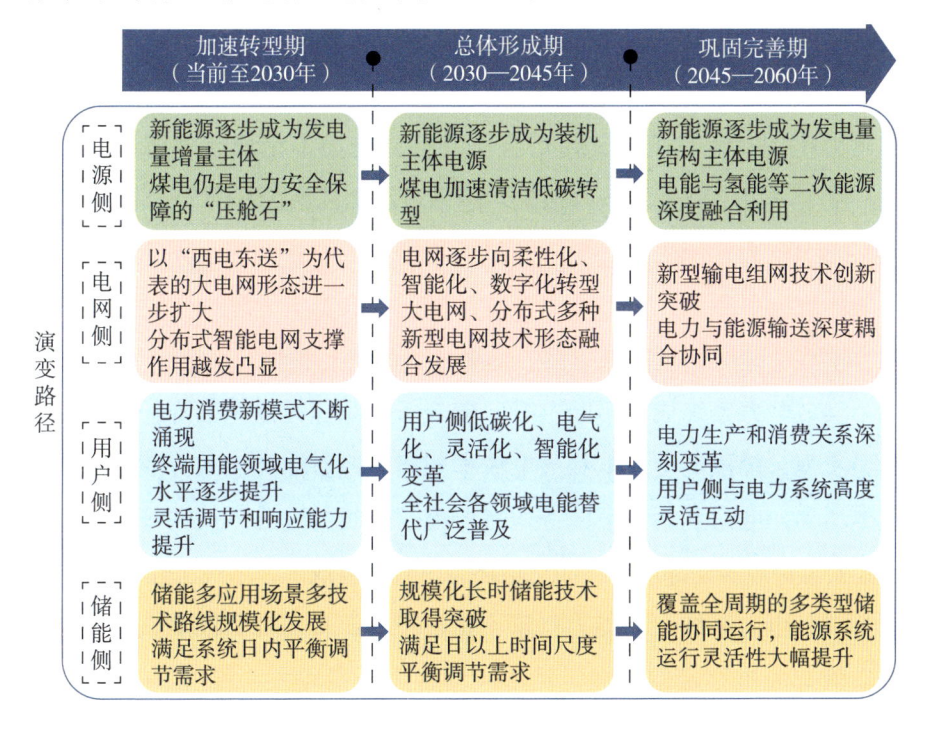

演变路径	加速转型期（当前至2030年）	总体形成期（2030—2045年）	巩固完善期（2045—2060年）
电源侧	新能源逐步成为发电量增量主体；煤电仍是电力安全保障的"压舱石"	新能源逐步成为装机主体电源；煤电加速清洁低碳转型	新能源逐步成为发电量结构主体电源；电能与氢能等二次能源深度融合利用
电网侧	以"西电东送"为代表的大电网形态进一步扩大；分布式智能电网支撑作用越发凸显	电网逐步向柔性化、智能化、数字化转型；大电网、分布式多种新型电网技术形态融合发展	新型输电组网技术创新突破；电力与能源输送深度耦合协同
用户侧	电力消费新模式不断涌现；终端用能领域电气化水平逐步提升；灵活调节和响应能力提升	用户侧低碳化、电气化、灵活化、智能化变革；全社会各领域电能替代广泛普及	电力生产和消费关系深刻变革；用户侧与电力系统高度灵活互动
储能侧	储能多应用场景多技术路线规模化发展；满足系统日内平衡调节需求	规模化长时储能技术取得突破；满足日以上时间尺度平衡调节需求	覆盖全周期的多类型储能协同运行，能源系统运行灵活性大幅提升

图 2-7 新型电力系统建设"三步走"发展路径

[①]《新型电力系统发展蓝皮书》编写组.新型电力系统发展蓝皮书[M].北京：中国电力出版社，2023：18.

6. 新型电力系统建设面临的困难和风险有哪些？

答：新能源的发电特性是间歇性、不连续性，这与用户侧要求的连续稳定供电相矛盾，也与电力系统安全、连续、稳定供电的基本要求相矛盾，因此适应新能源占比逐渐提高的新型电力系统面临以下挑战。[1]

（1）电力安全供应保障难度不断增加。新能源将成为新型电力系统中电力电量的供应主体，但新能源出力具有随机性、波动性、不确定性等特征，新能源占比持续增长将给电力电量平衡带来严峻挑战，尤其在极端天气条件下，电力供应不足的风险大幅提升。目前，我国风电和光伏的年平均利用小时数约为 2 000 小时和 1 200 小时，能源"大装机、小电量"特点突出，电源支撑性较弱，供电可靠性较低。

（2）清洁能源消纳压力进一步增加。新能源高比例、大规模发展，在出力比例高时，用电负荷低且电能存储能力不足的矛盾将进一步凸显，发生弃风、弃光的概率加大，进一步增加消纳的压力。

（3）电力系统安全稳定运行风险不断加大。相比于由同步发电机主导的传统电力系统，新型电力系统的动态特性具有全新的、更加复杂的动力学特征，低惯量、低阻尼、弱电压支撑等特征明显。

（4）电力系统成本不断上升。随着新能源建设成本下降，平价上网已经实现，单位电量成本和火电成本相当，但新能源接入分散导致网架成本增加、电网利用率下降等，需要配套可观的电力系统调峰、容量备用、安全保障等外部成本，而这最终会影响用电成本，给经济性带来挑战。

（5）电力系统调节能力严重不足。新能源日内功率波动大，未来随着新能源装机容量的增加，功率波动将进一步增大，预估2060年新能源日内最大功率波动将超过16亿千瓦，也会超过当年常规电源总装机

---

[1] 张英杰. 构建以新能源为主体的新型电力系统的发展路径研究[J]. 电工技术，2022（18）：172-174，178.

容量。同时，新能源发电特性与用电负荷日特性匹配度差，具有"极热无风、晚峰无光"等反调峰特性，将进一步增加电力系统调峰压力。

（6）电力系统体制机制亟待完善。我国的电力系统和电力市场建立在传统化石能源发电可控性和灵活性的基础之上，仍主要采用发电计划管理、政府指导定价等计划性手段，缺少灵活的交易和价格机制。新能源能量密度小，利用小时数低，配套电网建设投资大，当前的市场机制下成本回收难度增加；同时新能源规模快速扩大，对容量备用、调频等辅助服务的需求巨大，煤电、抽水蓄能、新型储能等调节资源的补偿回报分摊机制不健全，调节资源潜力尚未充分挖掘，应急保障电源的价格机制亟待建立，因此适应新能源特点的调度和市场交易机制仍需完善。此外，碳市场、绿证市场和电力市场还有待进一步衔接，适应新型电力系统的法律体系有待完善。

7. 如何构建新型电力系统？

答：构建新型电力系统是一项开创性、挑战性、长期性的重大系统性工程，涉及发电、输电、变电、配电、用电各个环节，电源、电网、负荷、储能各个领域，技术体制各个层面，需要政府、企业及各方共同努力。

（1）推动政府出台政策机制，鼓励新型电力系统业态多样化发展，充分发挥市场在资源配置中的决定性作用，引导企业和用户积极参与，助推全社会资源优化配置。

（2）全面落实创新驱动发展战略，把科技创新作为建设新型电力系统的关键引擎，做好新型电力系统基础理论研究，电源、电网、负荷、储能协调控制，以及储能技术等关键核心技术攻关。

（3）构建新型电力系统没有固定模式，须立足实际，因地制宜，积极探索，通过理论创新、形态创新、技术创新、产业创新、组织创新的创新体系，推动构建新型电力系统。

8. 什么是灵活性调节电源?

答:灵活性调节电源指的是电力系统中能快速响应电网负荷变化和供求平衡,具备较快调节功率输出能力的电源。这类电源通常用于在电力系统中维持电网频率稳定、应对负荷波动,以及补偿可再生能源的间歇性供电,对于提高电网的稳定性和可靠性至关重要。

大规模新能源发电接入背景下,受地理环境和气象条件等因素影响,新能源出力具有波动性、间歇性、能量密度低等特点。同时,我国用电需求呈现冬、夏"双峰"特征,峰谷差不断扩大,北方地区冬季高峰负荷往往接近或超过夏季高峰,保障电力供应的难度逐年加大。从实际运行情况看,依靠常规电源满足电网高峰负荷需求仍然是实现电力电量平衡的主要方式。在极端天气下,很难保证充足的供电裕度支撑电力系统可靠运行。此外,传统电力系统灵活性不足,导致我国各地始终存在弃风、弃光问题,不利于"双碳"目标的实现。

提升电力系统灵活性以应对具有波动性、间歇性的新能源发电,是实现新能源充分消纳的关键。提升电力系统灵活调节能力,首要方式是增加系统的可灵活调节的资源,从而解决电力电量平衡问题。

9. 灵活调节电源在构建新型电力系统中起到什么作用?

答:灵活调节电源在构建新型电力系统中起到的主要作用如下。

(1)支持可再生能源的集成。随着可再生能源(如风能和太阳能)发电的快速发展,引入大量的可再生能源发电装置成为新型电力系统的重要特点。然而,可再生能源的波动性和不确定性给电网的稳定性带来了挑战。灵活调节电源可以快速响应波动的可再生能源电力输出,平衡电力系统的供需关系,并提供备用电力以应对不确定因素,确保电力系统的稳定运行。

（2）提供灵活的负荷调整能力。新型电力系统注重实现智能化、弹性化的电力系统运营和管理，灵活调节电源可以根据市场需求和电力系统运行情况，实现负荷的即时调整，以满足用户的需求。这种灵活性有助于提高电力系统的运行效率，并支持电力市场的发展和竞争。

（3）提供备用电源和削峰填谷功能。灵活调节电源可以作为备用电源，以应对电力系统突发需求或故障情况。此外，灵活调节电源可以在高负荷时段供应额外电能，平衡电力系统的负荷波动，缓解电力系统的峰值需求，提高能源利用效率。

（4）支持电力系统的能源多样性。灵活调节电源通常利用多种能源，如天然气、燃油、生物质和蓄能技术，它的引入可以实现电力系统的能源多样化，减少对传统化石燃料的依赖，提高电力系统的可持续发展水平。

第 3 章　电力行业重要技术

3.1　特高压技术

1. 什么是特高压技术?

答：输电电压可分为高压、超高压和特高压，高压一般是 35～220 千伏电压，超高压一般是 330～1 000 千伏电压，特高压的电压等级则是在交流 1 000 千伏及以上和直流 ±800 千伏及以上，是一种能够极大提升电网输送能力的输电技术。目前，特高压（ultra high voltage，UHV）主要分为两种：直流特高压（HVDC）和交流特高压（HVAC）。其中，直流特高压主要用于大跨度的功率传输，交流特高压主要用于长距离输送电力。

2. 我国为什么要发展特高压技术?

答：我国能源资源与负荷中心呈逆向分布，80% 能源分布在西部、北部地区，70% 消费集中在东部和中部地区；近年来可再生能源装机容量增长迅猛，其出力的随机性和波动性特征明显，对跨区电网互联互济、大容量远距离高效输送的需求一直以来都非常迫切。特高压技术能够以高效、可靠、经济的方式实现区域大电网互联，打造"西电东送、北电南供、水火互济、风光互补"的能源输送"主动脉"，保证资源广域优化配置和可再生能源集约开发消纳，是保障能源安全高效供应、推动能源转型和高质量发展、构建新型电力系统的重要路径。

3. 我国特高压的发展历程有哪些？

答：从整体发展看，特高压发展历程可分为一轮试验和四轮周期。

试验阶段：2006年8月，国家发展改革委批复中国首条特高压工程"1 000 kV晋东南—南阳—荆门特高压交流试验示范工程"，开启了我国特高压发展建设的试验探索阶段。

第一轮建设高峰（2011—2013年）：2011年以特高压电网为骨干网架，各级电网协调发展的坚强智能电网建设周期开启。

第二轮建设高峰（2014—2017年）：2014年为缓解中东部电力供应紧张及减少中东部地区煤电装机以改善中东部地区的大气环境，国家能源局围绕《大气污染防治行动计划》集中批复一揽子输电通道项目"小路条"核准并开工建设"八交八直"。

第三轮建设高峰（2018—2022年）：2018年，国家能源局印发《关于加快推进一批输变电重点工程规划建设工作的通知》，规划"七交五直"12条线路，目的核心在于消纳西部地区富余的可再生能源。

新一轮建设高峰（2023年开启）：2022年国家电网在重大项目建设推进会议上表示，要再开工建设"四交四直"特高压工程，加快推进"一交五直"等特高压工程前期工作，以及"十四五"期间特高压规划"24交14直"。2023年开启特高压新一轮建设高峰。

4. 我国特高压发展方面的政策有哪些？

答：近年来，特高压电网建设受到国家产业政策的重点支持和各级政府的高度重视，多项政策明确提出要加快特高压工程建设，由此可见特高压建设的持续性和紧迫性，特高压行业将在政策加码下快速、可持续发展。2021—2022年中国特高压行业相关政策梳理见表3-1所列。

表3-1　2021—2022年中国特高压行业相关政策梳理

时间	政策文件	主要内容
2021年3月	《中华人民共和国国民经济和社会发展第十四个五年规划和2035年远景目标纲要》	加快建设新型基础设施，构建现代能源体系，提高特高压输电通道利用率，加快电网基础设施智能化改造和智能微电网建设
2021年4月	《2021年能源工作指导意见》	加快建设陕北—湖北、雅中—江西等特高压直流输电通道，加快建设白鹤滩—江苏、闽粤联网等重点工程，推进白鹤滩—浙江特高压直流项目前期工作
2021年10月	《黄河流域生态保护和高质量发展规划纲要》	推进青海—河南、陕北—湖北、陇东—山东等特高压输电工程建设，打通清洁能源"打捆"外送通道
2021年12月	《电力安全生产"十四五"行动计划》	强化电网重大基础设施安全风险管控，加强特高压直流系统的运行安全管理。对直流近区雷击、山火、飘挂物等风险源进行定期治理。加强直流线路杆塔地网维护，督促电网企业建立直流谐振、山火、飘挂物等隐患风险台账并动态更新
2022年3月	《"十四五"现代能源体系规划》	推动电力系统向适应大规模高比例新能源方向演进。加大力度规划建设以大型风光电基地为基础、以其周边清洁高效先进节能的煤电为支撑、以稳定安全可靠的特高压输变电线路为载体的新能源供给消纳体系。完善华北、华东、华中区域内特高压交流网架结构，为特高压直流输送电力提供支撑，建设川渝特高压主网架，完善南方电网主网架

续 表

时 间	政策文件	主要内容
2022年5月	《关于促进新时代新能源高质量发展的实施方案》	创新新能源开发利用模式，加大力度规划建设以大型风光电基地为基础、以其周边清洁高效先进节能的煤电为支撑、以稳定安全可靠的特高压输变电线路为载体的新能源供给消纳体系

5. 我国特高压发展前景如何？

答：近年来，我国用电需求快速增长。据国家统计局数据，2016—2021年全国用电量逐年递增，2020年受外部环境影响增速放缓，但仍呈正增长态势，2021年我国全社会用电量8.3万亿千瓦时，同比增长10.7%，增速明显提升。2016—2021年全中国发电量始终略高于用电量，2021年发电量8.5万亿千瓦时，同比增长9.7%，增长率低于用电量增速，供需平衡偏紧。同时，我国面临东西部电力供需结构性失衡，东部地区用电量较大，而发电能力远不及用电需求，存在较大的缺口；西部地区发电量远超用电量。中西部用电存在结构性失衡的问题，特高压跨区输电是解决这一问题的有效方式。

6. 我国特高压发展现状如何？

答：整体现状受益于基建刺激叠加环保需求，特高压工程建设加速。截至2023年11月，国家电网公司已建成投运"17交16直"33项特高压工程，华北、华东、华中特高压交流骨干网架基本建成，支撑多回特高压直流从西部、北部远距离大容量送电，初步形成了特高压交直流混合大电网格局。特高压跨区输电容量超过1.3亿千瓦，年输送电量超过5 000亿千瓦时，其中直流特高压工程和交流特高压工程建设情况见表3-2和表3-3所列。

表3-2 直流特高压工程建设情况

序号	工程名称	年 月	序号	工程名称	年 月
1	向家坝—上海	2010年7月	9	扎鲁特—山东	2017年12月
2	锦屏—苏南	2012年12月	10	上海庙—山东	2019年1月
3	哈密南—郑州	2014年1月	11	准东—皖南	2019年9月
4	溪洛渡—浙江	2014年7月	12	青海—河南	2020年7月
5	灵州—绍兴	2016年8月	13	雅中—江西	2021年6月
6	晋北—南京	2017年6月	14	陕北—湖北	2022年4月
7	酒泉—湖南	2017年6月	15	白鹤滩—江苏	2022年12月
8	锡林郭勒盟—泰州	2017年9月	16	白鹤滩—浙江	2023年6月

表3-3 交流特高压工程建设情况

序号	工程名称	年 月	序号	工程名称	年 月
1	晋东南—南阳—荆门	2009年1月	10	临沂换流站—临沂变电站	2017年12月
2	晋东南—南阳—荆门扩建	2011年12月	11	苏通GIL综合管廊工程	2019年9月
3	皖电东送	2013年9月	12	山东—河北环网	2020年1月
4	浙北—福州	2014年12月	13	驻马店—南阳	2020年7月
5	锡林郭勒盟—山东	2016年7月	14	张北—雄安	2020年8月
6	淮南—南京—上海	2016年11月	15	南昌—长沙	2021年12月

续 表

序号	工程名称	年 月	序号	工程名称	年 月
7	蒙西—天津南	2016年11月	16	南阳—荆门—长沙	2022年10月
8	锡林郭勒盟—胜利	2017年8月	17	荆门—武汉	2022年12月
9	榆横—潍坊	2017年8月			

7. 特高压直流输电技术的基本特征是什么？

答：特高压直流输电技术既能实现远距离的传输，又能有效降低建设成本，同时对于环境的破坏性相对较小，因此未来特高压直流输电技术将有更加广泛的应用。

特高压直流输电技术的电压等级是指 ±800 千伏及以上的电压。特高压直流输电系统的核心组成部分之一是换流站设计与建设。双极系统接线方式是我国目前主导建设特高压直流输电工程的首选接线方式，双极双 12 脉动换流站可以选择双极全电压运行和单极半电压运行等多种运行方式。同时，换流站灵活多变的运行方式可以在换流阀发生故障时最大限度地减小损失，保障输电安全平稳运行。

直流输电的工作原理是通过换流器将交流电先整流再逆变，最终注入交流电网。与交流输电技术相比，直流输电具有节约设备占地面积、减少输电损耗、灵活改变输电方式等优点。

特高压直流输电可以实现远距离输电目标，可以减少输电过程中的线路损耗，合理利用地理优势不明显地区所蕴含的丰富资源，推动能源革命，提高一次能源利用率的同时有效保护了环境。

8. 特高压直流输电技术的应用前景有哪些？

答：特高压直流输电技术的应用前景有以下几方面。

（1）应用规模将会持续提升。未来特高压直流输电技术的应用规模将会持续提升，这主要是基于我国的基本现状。我国用电需求和能源分布不均衡，因此我国开展了"西电东送"项目，虽然能有效解决我国能源和人口分布不均衡的问题，但也使得资源的运输成本较高。特高压直流技术具备大容量、效率高、输送距离远等显著的特点，非常适合"西电东送"项目，未来特高压直流输电技术还将进一步扩大应用范围和规模，发挥显著的优势和特点。

（2）清洁能源大规模接入。当前我国最普遍的发电方式仍以火力发电为主，需要消耗大量的资源，而经济社会的不断发展对于电力的需求量越来越大，这也就意味着火力发电所需资源规模越来越大，所以必须积极探索清洁能源的开发使用。我国已意识到这一问题并在多个地区建立了风力、水力发电基地，逐步用清洁能源来替代不可再生能源，以此来减少环境污染。以清洁能源为基础的特高压直流项目也在建设过程中，未来必将大规模发展。

（3）经济前景广泛。传统的输电技术普遍具有占地面积大、耗费成本高等特点，经济效益相对较低，而且还有可能对环境造成不可挽回的破坏，环境效益相对较低，因此传统输电技术的核心竞争力相对较差。特高压直流输电技术与之相反，在建设过程中能够有效节省占地面积，且建设的成本相对较低，具有非常显著的经济效益优势，因此这一技术具有非常广阔的经济前景。

9. 特高压交流输电技术的基本特征是什么？

答：特高压交流电网突出的优势如下：可实现大容量、远距离输电，1回1 000千伏输电线路的输电能力可达同等导线截面的500千伏输电线路的4倍以上；可大量节省线路走廊和变电站占地面积，显著降低输电线路的功率损耗；通过特高压交流输电线实现电网互联，可以简化电网结构，提高电力系统运行的安全稳定水平。

特高压交流输电技术可连接煤炭主产区和中东部负荷中心，使得西北部大型煤电基地及风电、太阳能发电的集约开发成为可能，实现能源供给和运输方式多元化，既可满足中东部的用电需求，缓解土地和环保压力，又可推动能源结构调整和布局优化，促进东西部协调发展。建设以特高压电网为核心的坚强国家电网，有力促进了煤电就地转化和水电大规模开发，实现了跨地区、跨流域水火互济，将清洁的电能从西部和北部大规模输送到中东部地区，满足了我国经济快速发展对电力增长的巨大需求，实现了能源资源在全国范围内的优化配置，是保障能源安全的战略途径。

10. 特高压交流输电技术的应用前景有哪些？

答：我国正处于工业化和城镇化快速发展时期，为带动工业发展，特高压输电技术在很多电网改造与输电工程中都有广泛应用。一些城市的电网设置过程中会出现地域差异造成的负荷不均，导致变电站电压不稳、地区供电不平衡的问题。特高压输电技术能够优化电网结构，平衡负荷，采用1 000千伏特高压输电线代替500千伏输电线，使电流输送平稳又高效。同时，特高压输电线占地面积少，在线路布置方面节省了成本，而且可以远距离输送电流，解决了地理距离过大导致的一些城市供电不足的问题。

为了更好地优化资源配置，有效利用自然资源，国家启动"西电东送"战略工程，合理利用云南、贵州、四川三省水利资源，缓解了东部地区供电压力，特高压交流输电技术在其中起到了中流砥柱的作用。以特高压输电线路为骨干的智能化电网，不仅减少了工程技术难度，提高了运营稳定性，还节省了投资成本，充分发挥了电网系统能源资源优化配置的优势。

随着我国各个行业的需求不断增加，解决电力供给问题成为提高人民生活水平的关键之一。电力本身作为一种可以便捷使用的清洁型能源，在能源工业中占有重要地位。特高压输电技术的研究及发展，不仅提高了电力的使用效率，还带动了科技发展，促进了国家的经济发展。特高压输电线路有助于优化自然资源配置，避免了自然环境带来的约束性，使很多工程可以更好地为周边地区服务。

11. 交直流输电的区别与联系是什么？

答：直流输电和交流输电只能互补，不能互相取代，因为直流输电只具有输电功能，不能形成网络，类似于"直达航班"，中间不能有落点，定位于超远距离、超大容量"点对点"输电。直流输电可以减少或避免大量过网潮流，潮流方向和大小均能方便地进行控制，但高压直流输电必须依附于坚强的交流电网才能发挥作用。

交流输电具有输电和构建网络双重功能，类似于"公路交通网"，可以根据电源分布、负荷布点、输送电力、电力交换等实际需要构成电网。中间可以落点，电力的接入、传输和消纳十分灵活，定位于构建坚强的各级输电网络和经济距离下的大容量、远距离输电，广泛应用于电源的送出，可为直流输电提供重要支撑。

12. 特高压交直流输电技术各自的突出优点是什么？

答：特高压交流输电技术的突出优点如下：特高压交流输电应用于大功率、近距离输电场合，在经济上有竞争力；建设特高压交流输电骨干网替代超高压交流电网，具有优化资源配置、保护环境、节约线路走廊用地和有效降低输电损耗等优点。

特高压直流输电技术的突出优点如下：输电电压高、输送容量大、线路走廊窄，适合大功率、远距离输电场合；利用特高压直流输电技术实现大区互联，可减少或避免大量过网潮流，按送、受两端运行方式变化而改变潮流，能方便控制潮流方向和大小。

3.2　柔性直流输电技术

1. 柔性直流输电技术形成的背景有哪些？

答：2021年，我国提出2030年前"碳达峰"、2060年前"碳中和"的战略目标，风电、光伏等新能源将成为未来新增电源的主要形式。2030年，以沙漠、戈壁、荒漠地区为重点的大型风电光伏基地规划建设总装机容量预计达到4.55亿千瓦以上（其中外送3.15亿千瓦，就地消纳1.40亿千瓦），而这些新能源基地离中、东部负荷中心距离遥远，大规模新能源跨区消纳将是国家重大需求。海上风电也逐步向深远海发展，预计新增装机容量超过1亿千瓦。随着新能源的飞速发展，我国可再生能源占比持续增加，要想将这些波动性与间歇性强的清洁电能并入电网，必然要升级电力传输技术。

柔性直流输电指的是基于电压源换流器的高压直流输电，是继交流输电、常规直流输电后的一种新型直流输电方式，其在结构上与高压直流输电类似，但是柔性直流输电成本高昂。

常规特高压直流输电的约束条件多，需要发电端、受电端连接有强交流电网才能正常运行。相比于常规直流输电，柔性直流输电具备适应性强、灵活调节、故障风险低等优点，非常适合风电光伏并网发电、孤岛供电等网架建设薄弱的区域，以及异步互联、多端直流互联等电网互联。国内已有多个柔直示范工程落地，如张北柔性直流工程、如东海上风电柔性直流工程等。

2. 什么是柔性直流输电技术？

答：柔性直流输电技术是一种以电压源变流器、可关断器件［如门极可关断晶闸管（GTO）、绝缘栅双极晶体管（IGBT）］和脉宽调制（PWM）技术为基础的新型直流输电技术。作为新一代的直流输电技术，柔性直流输电技术具有有功无功独立控制、响应快速灵活、扩展性强等突出优点，广泛应用于风电送出、电网互联、无源网络供电和远距离大容量输电等场景。在我国新型电力系统建设的背景下，针对新能源送出和多直流馈入电网安全稳定提升等重大需求，柔性直流输电技术的优势将进一步凸显。

3. 柔性直流在各国的称谓是什么？

柔性直流是国内的叫法，"柔性"一词来源于英文"flexible"，表示相比传统直流，能够为电网提供更加灵活的控制手段。国际上，ABB公司称之为"轻型直流输电"（HVDC light），西门子（Siemens）公司称之为"新型直流输电"（HVDC plus），更为学术的叫法是"基于电压源换流器的高压直流输电"（voltage sourced converter based high voltage direct current transmission, VSC-HVDC）。相应地，传统直流输电技术的学名是"基于电网换相换流器的高压直流输电"（line commutated converter based high voltage direct current transmission, LCC-HVDC）。

4. 柔性直流输电技术的原理是什么？

答：柔性直流输电技术是新一代直流输电技术，结构上与高压直流输电类似，由换流站和直流输电线路（通常为直流电缆）构成。柔性直流输电技术起源于 20 世纪 90 年代末，是一种以电压源换流器、自关断器件和脉宽调制（PWM）技术为基础的新型输电技术。相比采用晶闸管构成电流源型换流器的传统高压直流输电，采用全控型功率器件构成电压源型换流器的直流输电技术称为柔性直流输电技术，其最根本的特点在于采用了全控型器件绝缘栅双极晶体管（IGBT）和电压源换流器（VSC）。

从系统角度看，柔性直流系统可等效为无转动惯量的发电机，可快速调节其出口的电压和频率。控制系统则根据系统需求，通过对换流阀的开关控制获得所期望的电压和电流波形。通过调节换流器出口电压的幅值和与系统电压之间的功角差，柔性直流系统可以独立控制输出的有功功率（功率在一个周期内的平均值）和无功功率（在具有电抗的交流电路中，能量在电源和电抗元件间不停交换产生的功率）。有功功率主要通过控制阀侧电压与网侧电压的相角差实现，无功功率主要通过控制阀侧电压与网侧电压的幅值差实现。这样，通过对两端换流站的控制，就可以实现两个交流网络之间有功功率的相互传送，两端换流站还可以独立调节各自所吸收或发出的无功功率，从而对所关联的交流系统给予无功支撑。

5. 柔性直流输电技术的优势有哪些？

答：柔性直流输电技术的优势主要有以下五方面。

（1）无须无功补偿，谐波水平低。柔性直流输电采用 IGBT，可以在需要的时候控制系统关断换流阀，无须交流侧提供换相电流和反向电压,从而避免了大量的无功消耗,可以节省常规直流输电交流滤波器场的用地,大大减少征地范围。根据测算和已实施工程,可节约用地约20%。同时,由于没有并联的大容量电容器,发动机突然甩负荷引起的过电压会更小,有利于弱电网系统的电压调控。采用可关断器件,也使得各侧波形更好,低频谐波含量更少,仅需配置较高容量的高通滤波器,就可以实现对谐波的控制。

(2)可向孤岛供电。由于柔性直流输电技术能够实现自换相(换流器同一换相组的两个换流臂之间电流转换时两个通路同时流过电流),可以工作在无源逆变模式下,不需要外加的换相电压。因此,受端系统可以是无源网络(网络中没有使用电力驱动设备或元件来传输信号),由此柔性直流系统具备向孤岛供电的能力。常规直流系统则需要依靠电网完成换相,需要较强的有源交流系统支撑。

(3)无换相失败问题。开通和关断的时间可控,与电流的方向无关,从原理上避免了换相失败问题。即使受端交流系统发生严重故障,只要换流站交流母线电压仍在,就能够维持一定的功率。

(4)适合构成多端系统。柔性直流输电系统的电流可双向流动,直流电压极性不改变,也就是潮流反转时,直流电压保持不变。常规直流则是直流电压极性反转,直流电流方向不变。在并联型多端直流输电系统中,柔性直流输电系统可以通过改变单端电流方向来改变潮流的方向。

(5)传输功率可独立控制。传统电网换相型直流输电运行时仅有一个控制自由度,不能同时对有功功率与无功功率进行控制,而柔性直流输电具有两个控制自由度,可以自由调节有功功率和无功功率。

6.柔直换流阀技术是什么?

答:换流阀是直流电和交流电相互转化的桥梁,新一代柔性直流换流阀拥有更快的功率调节速度,可以实现对波动性的清洁能源电荷和功率的快速补偿,将"来势汹汹""桀骜不驯"的电流化为"绕指柔",让清洁能源并网成为可能。同时,它可以将电网故障排除的时间缩短到100毫秒以内,能够精准控制电能潮流方向和大小,支撑电网的安全稳定运行。

柔性直流换流阀的原理是将IGBT驱动板卡、水冷板等压接在一起组合成一个完整的柔直模块。柔直模块装配采用严格的工艺控制,要求利用全数字化扭矩扳手,可以实时感知模块各部件间的压力,并将数值显示在监控屏上,从而严格控制器件压接的力度,确保整个柔性直流换流阀里的数千个柔直模块的螺栓扭矩的精准度完全一致。

柔性直流换流阀的一个核心部件是控制板卡,它是柔性直流换流阀的"大脑",板卡上有上万个电子器件,每个电子器件都拥有独立的传输线,能够实现1 000兆赫以上的极高频率传输。这样海量快速的数据处理能力,相当于在人类0.2秒的眨眼瞬间,整个阀控系统就已经上传了8 000次数据。这项技术是目前全球电力巨头都在抢占的能源应用技术制高点,世界范围内能够掌握的国家屈指可数。

2022北京冬奥会实现场馆100%清洁电力供应,张北柔性直流工程功不可没。国家电网公司于2006年启动柔性直流输电技术专项研究,经过多年的自主科技攻关和产品研发,已经掌握了柔性直流输电关键技术,我国智能电网建设已走在世界前列,支撑着新能源的快速发展。柔性直流输电技术能够有效控制系统中的电流,快速切除和隔离故障,更加灵活地响应电网需求,被认为是应对未来可再生能源大规模并网的关键技术。

7. 柔性直流输电技术的前景如何?

答:在"双碳"目标下,我国新能源将迎来快速增长,预计到2030

年风电光伏总装机容量将达到 12 亿千瓦。柔性直流输电作为目前公认的风电并网的最佳方式，可以向无源网络供电，适用于远距离小功率输电，能够保持电压稳定。在未来的发展中，该技术应用的方向主要在以下三个方面。

（1）在城市电网增容及直流供电中的应用。我国经济的高速发展以及城市化建设的不断推进，促进了城市电网的进一步发展，但大部分的城市电网负荷也一直呈现不断增长的趋势，人们对于电能的供应及质量要求不断提高。

（2）替代交直流联网。我国西部地区的资源相对较多，同时负荷较少，几乎 90% 的水电集中在西部，而东部地区的能源与负荷量特点恰好相反，导致了我国地区电力生产和负荷的失调。因此，特高压直流输电工程在不断增多，旨在实现电能的大容量和远距离运输。

（3）在孤立负荷供电方面的应用。柔性直流输电技术能够实现对无源网络的直接供电，同时对于输电的功率大小没有限制，因此在远距离孤立电荷的供电过程中，该技术能得到充分的应用。

但是，充分利用柔性直流输电技术仍然存在一定的障碍，在长距离和大容量的发展过程中，要克服两个难点：第一，用碳化硅来替代二氧化硅，从而改变 VSC 的材料，同时要增强封装材料的绝缘性和耐热性，达到大容量的电能运输；第二，加强电流直流断路器的优化与改良。如果能在技术上实现故障的突破，那么柔性直流输电技术在未来可能会完全取代传统输电技术，承担起长距离大容量的输电任务。

我国正在推进清洁电能对传统化石能源的深度替代，加快构建适应高比例可再生能源发展的新型电力系统。我国始终坚持自主创新道路，目前已全面完成柔性直流输电技术从追赶到引领的跨越式发展，并向高电压、大功率、多端、双极、背靠背、混合直流输电、新能源并网、孤岛接入、海上风电外送等多个方向开展探索与实践。

下面介绍一个典型案例：张北柔性直流电网工程。

张北柔性直流电网工程（简称"张北柔直工程"）是贯彻落实"四个革命、一个合作"能源安全新战略、大规模开发利用新能源、践行绿色办奥理念、支撑国家能源结构转型、服务"双碳"目标落地的典型实践。

张北柔直工程所在的冀北地区是"十四五"规划的九大清洁能源基地之一，新能源资源丰富，已开发和规划开发的装机规模巨大，拥有风、光、储能等多种典型要素，具备良好的多能互补建设条件，是典型的大规模新能源开发与外送系统场景，具备世界上电压等级最高、容量最大的柔直换流阀。张北柔直工程于 2020 年 6 月 29 日投运，新建 4 座换流站，位于河北省张家口市的中都站、康巴诺尔站作为送端换流站，将新能源场站接入张北柔直电网，位于河北省承德市的阜康换流站通过连接丰宁抽水蓄能电站起到调节作用，位于北京市的延庆站作为受端换流站，接入北京负荷中心，可满足张家口地区 630 万千瓦新能源装机外送和消纳，每年可输送 140 亿千瓦时"绿电"至北京，节约标准煤 490 万吨，减排二氧化碳 1 280 万吨。2022 年北京冬奥会举办期间，张北柔直电网全程安全稳定运行，助力冬奥场馆实现 100% 清洁能源供应。

张北柔直工程构建了输送大规模风电、光伏等多种能源形式的世界上首个四端环形柔性直流电网，创造十几项世界第一，是破解新能源大规模开发利用世界级难题的"中国方案"。张北柔直工程推动我国柔性直流输电技术在更高电压等级、更大输送容量上创新发展，巩固和扩大我国在世界直流输电领域的技术领先优势，提高我国电工装备制造业自主创新能力和国际竞争力，对推动能源转型与绿色发展、服务绿色办奥、引领科技创新、推动电工装备制造业转型升级等具有显著的综合效益和战略意义。

3.3 柔性交流输电技术

1. 柔性交流输电技术形成的背景有哪些？

答：现代电力系统已经发生了巨大的变化，变得越来越复杂，其特征主要为大机组、超高压、远距离、跨区互联等。对于如此复杂的电力系统，传统的机械装置的控制效果较差，原因在于其响应速度太慢。柔性交流输电系统（flexible AC transmission system, FACTS）是以电力电子技术为核心的输电系统，具有很好的灵活性，可以提高系统的稳定性。1986年，美国电力科学研究院的博士第一次提出了FACTS技术。FACTS技术是指安装了电力电子型控制器的输电系统，FACTS控制器中应用了大功率电力电子技术，可以快速调节交流输电网的运行参数（如电压、相角、阻抗等）。FACTS的出现，是现代电力系统的标志，也是电力系统重大的技术变革之一。

FACTS技术已经逐渐被大众熟知，其产生背景可以概述如下。

（1）传统的交流电力系统的可控性较差。

（2）在保证电力系统安全可靠的同时，可以提高输电能力。

（3）由于资金短缺、环境限制等原因，建设新的输电线路日益困难。

（4）高压直流输电的快速发展促使FACTS技术产生。

2. 柔性交流输电技术的原理是什么？

答：FACTS技术是可以灵活地控制输电系统的一种新技术，其中包含了几种技术，如电力电子技术、微电子技术、通信技术等。FACTS概念从提出直至现在，一直受到广泛关注。早在1997年，IEEE工作组就公布了FACTS的定义：FACTS是一种装有电力电子型或其他静止型控制器的交流输电系统，这种系统可以加强控制器的可控性，并且可以增强功率传输能力。

FACTS装置可以按照需要调整系统的潮流、提高电力系统稳定性，包括电压稳定性、暂态稳定性、静态稳定性。FACTS的基石是电力电子技术，核心是FACTS装置，关键是对电网运行参数进行灵活控制。安装FACTS装置可以实现电压、阻抗、功角等电气量的快速、频繁、连续控制，克服传统控制方法的局限性，增强电网的灵活性和可控性。

柔性交流输电技术主要通过对智能电网中影响电力系统性能的主要运行参数电压、阻抗及功率进行控制，实现其对输配电系统的可靠可控性及运行性的改善和提高作用。柔性交流输电技术中对这些变量进行直接控制的是FACTS控制器，FACTS技术将大功率的电力电子元件和微电子技术等运用到电力系统中，对电网运行中的发电过程、交流输电以及供电系统加以控制，大大提高电网的稳定安全性和节能环保性。

3. 柔性交流输电技术的现状是什么？

答：柔性交流输电系统的设备可分为串联补偿装置、并联补偿装置和综合控制装置三种类型。串联补偿装置，如晶闸管控制串联电容器（TCSC）、晶闸管控制串联电抗器（TCSR）、静止同步串联补偿器（SSSC）等，主要用于改变系统的有功潮流分布，提高系统的输送容量和暂态稳定性等；并联补偿装置，如静止无功补偿器（SVC）、晶闸管控制制动电阻器（TCBR）、静止同步补偿器（STATCOM）等，主要用于改善系统的无功分布，进行电压调整和提高系统电压稳定性等；综合控制装置，如统一潮流控制器（UPFC）等，综合了串、并联补偿装置的功能和特点，主要用于实现电力网络控制潮流、提高系统稳定性等。

目前已成功应用或正在开发研究的 FACTS 装置有十几种，如静止无功补偿器、静止调相器、超导蓄能器、固态断路器、可控串联电容补偿等。国内自主设计和制造的静止无功补偿器、静止调相器和可控串联电容补偿已在电网中挂网运行。

4. 柔性交流输电技术的优势有哪些？

答：FACTS 技术的主要作用是使不可控的电网变得可控，使原本不容易控制的参数变得更加容易控制。客观上讲，FACTS 技术的产生是现代电网发展的需要，是解决电网运行和发展中各种困难的需要。现代电网规模越来越大，结构越来越复杂，对供电质量的要求越来越高，对清洁能源和低碳能源的要求也越来越高。在这种情况下，人们对电网可靠、经济、稳定运行的要求越来越高，传统的机械控制方法越来越不适应电网的发展需要。而 FACTS 技术在控制电网潮流、提高系统稳定性方面具有独特的优点，因此得到了迅速发展。

FACTS 技术主要有以下几个优点。

（1）在较大范围有效地控制潮流。潮流控制是电网控制调节的重要内容。除了线路载流能力有限需要进行潮流控制，实现最优潮流、降低电网损耗、系统运行的稳定及电力市场人为需要等，都需要对电网中的潮流分布进行有效的控制调节。一般而言，电力系统潮流是由电源、负荷及输电网决定的，而电源及负荷都不能很好地实现潮流的控制调节，因此通常都是通过对输电网的调节来实现潮流控制的。最常用的控制方法是通过串联阻抗补偿及并联无功补偿实现，而这些都属于 FACTS 技术的应用范畴。

（2）提高系统的稳定性，提高电网传输容量。影响电网传输容量的因素很多，如热稳定极限、电力系统稳定性限制及绝缘限制等，但电力系统稳定性限制决定的传输容量极限小于热稳定和绝缘限制决定的传输容量极限。例如，常规 500 千伏交流输电线路的自然功率安全送电极限为 1 000 兆瓦，线路的热极限为 3 000 兆瓦，而受电力系统稳定性约束的功率为 600～1 700 兆瓦（国内平均值约为 800 兆瓦，美国平均值在 1 000 兆瓦左右）。因此，要提高线路的传输容量，首要目标是提高电力系统稳定性，最终目标是将电网传输容量提高到热稳定极限。对于已建成的电网，提高其稳定性极限的方法是在运行过程中采用各种控制手段，而对 FACTS 技术的应用，则是目前提高系统运行稳定性的主要方法。一条 500 千伏线路采用 FACTS 技术后，可以将输送能力提高 50%～100%，备用发电机组容量可从典型的 18% 减少到 15%，甚至更少。

（3）优化整个电网的运行情况。在电网中应用 FACTS 技术，有助于建立全国统一的实时控制中心，实现全系统的优化控制，提高全系统运行的安全性和经济性。

（4）改变交流输电的传统应用范围。成套应用并协调控制的 FACTS 技术将使常规交流输电柔性化，改变交流输电的功能范围，使其在更多方面发挥作用。为提高现有输电线路的输送能力，应用 FACTS 技术的方案往往比新增建一条线路更便宜，它甚至可以扩大到原本属于直流输电专用的应用范围，如定向传输电能、功率调节、延长水下或地下交流输电距离等。

5. 柔性交流输电技术的前景如何？

答：柔性交流输电技术改变了电网传统的运行方式，促使电网朝向智能化的方向发展，它能管控智能电网的运行过程，在智能电网中极具发展的潜力和能力。

运用柔性交流输电技术，通过控制设备，可以有效地控制和调节电网运行，且把风电等新能源引入系统的运行，从而更好地满足电网运行的需求。随着当前电网的不断发展，电网中的负荷和自由潮流也逐渐变大，这不利于电能的经济、高效传输。此外，电力系统的稳定性及导线发热对交流远距离的输电传输有着重要的影响。因此，控制系统的创新升级是很有必要的。柔性交流输电技术集中了电力电子技术和控制技术，为发展智能电网发展提供了保障，具有广阔的市场前景。

3.4 分布式电源

1. 什么是分布式电源？

答：分布式电源（distributed generation, DG）是指为了满足特定电力用户的需求，在用户附近布置的35千伏及以下电压等级的独立电源，通过将发电设备直接连接到电力系统的终端或负荷侧，以满足当地电力需求的一种发电方式。它包括分布式发电装置与分布式储能装置。分布式发电装置一般分为两类：化石能源发电和可再生能源发电；分布式储能装置有电化学储能、电磁储能、机械储能、热能储能、化学储能等。

2. 分布式电源形成的背景有哪些？

答：作为一种分散布置的小型发电装置，分布式电源近年来在能源领域备受关注，其背景源于对传统集中发电模式的突破和对可再生能源的追求。

（1）能源安全性。传统集中发电模式存在能源供应的脆弱性和依赖性，集中发电容易受到自然灾害、设备故障或恶意攻击等因素的影响，一旦发生中断，将导致大范围的停电。分布式电源的引入可以降低能源供应的脆弱性，提高能源的安全性和可靠性。

（2）可再生能源发展。面对气候变化和环境污染等问题，国际社会对于可再生能源的需求越来越迫切。可再生能源（如太阳能、风能、生物质能等）具有清洁、环保的特点，并且分布广泛。分布式电源的发展为可再生能源提供了更广阔的应用空间，促进了可再生能源的开发和利用。

（3）电力需求增长。全球范围内，电力需求不断增长，人口增加、城市化进程加快以及电力消费模式的变化，都对电力系统提出了更高的要求。传统发电模式难以满足迅速增长的电力需求，而分布式电源能够灵活地部署在负荷附近，减少输电损耗，更好地满足不同地区和不同规模的电力需求。

（4）能源转型和减少碳排放。为了应对气候变化，各国纷纷采取行动，加大碳排放的管控力度。分布式电源与可再生能源的结合可以有效减少化石燃料的使用，减少碳排放。它为能源转型提供了一种可持续的解决方案，有助于推动绿色能源的发展和应用。

（5）技术进步和成本下降。随着科技的进步和创新，分布式电源相关技术得到了迅猛发展，并逐渐成熟，太阳能光伏、风力发电、燃料电池等技术的成本不断下降，效率不断提高。这降低了分布式电源的建设和运营成本，使其更具吸引力和可行性。

综上所述，分布式电源的背景可以概括为对传统发电模式的挑战、对可再生能源的追求、能源安全性的考量、电力需求的增长以及能源转型的推动。分布式电源作为能源领域的创新发电装置，具有巨大的潜力和前景，将在未来的能源系统中扮演重要角色。

3. 分布式电源的类型有哪些？

答：根据分布式电源使用的能源类型，可以将其分为太阳能分布式电源、风能分布式电源、生物质能分布式电源、燃气分布式电源、水能分布式电源等，具体如图3-1所示。

图 3-1　分布式电源类型

（1）太阳能分布式电源。太阳能分布式电源利用太阳能光伏板将太阳能转化为电能。这种分布式电源系统适用于阳光充足的地区，可以为住宅、商业建筑和农村地区提供清洁可再生的电力供应。

（2）风能分布式电源。风能分布式电源利用风力涡轮发电机将风能转化为电能。这种分布式电源系统适用于风力资源丰富的地区，可以为城市和乡村地区提供稳定的电力供应。

（3）生物质能分布式电源。生物质能分布式电源利用生物质燃料（如木材、秸秆等）进行发电。这种分布式电源系统适用于农村地区或农业废弃物充足的地方，可以将生物质废弃物转化为有用的能源。

（4）燃气分布式电源。燃气分布式电源利用微型燃气轮机或燃料电池等设备将天然气或其他燃气转化为电能。这种分布式电源系统适用于城市和工业区域，可以为建筑物和工厂提供高效的能源供应。

（5）水力分布式电源。水力分布式电源利用水力涡轮发电机将水能转化为电能。这种分布式电源系统适用于水资源丰富的地区，如河流、湖泊或海洋附近，可以为离网地区或偏远地区提供可靠的电力供应。

4. 分布式电源接入电网系统的原则是什么？

答：分布式电源接入电网系统应遵循以下原则。

（1）并网点的确定原则。电源并入电网后能有效输送电力并且能确保电网的安全稳定运行。

（2）当公共连接点处并入一个以上的电源时，应总体考虑它们的影响。分布式电源总容量原则上不宜超过上一级变压器供电区域内最大负荷的25%。

（3）分布式电源并网点的短路电流与分布式电源额定电流之比不宜小于10。

（4）根据《分布式电源接入电网技术规定》（Q/GDW 1480—2015），分布式电源并网电压等级可根据各并网点装机容量进行初步选择，推荐如下：8千瓦及以下可接入220伏；8～400千瓦可接入380伏；400～6 000千瓦可接入10千伏；5 000～30 000千瓦以上可接入35千伏。并网电压等级应根据电网条件，通过技术经济比选论证确定。若高低两级电压均具备接入条件，优先采用低电压等级接入。

5. 什么是光伏的孤岛效应？孤岛效应给电网检修带来的安全隐患如何解决？

答：光伏的孤岛效应通常是指在并网光伏发电系统中电网失压或断开的情况下，光伏发电设备仍作为孤立电源对负荷供电，形成供电孤岛现象，如图3-2所示。

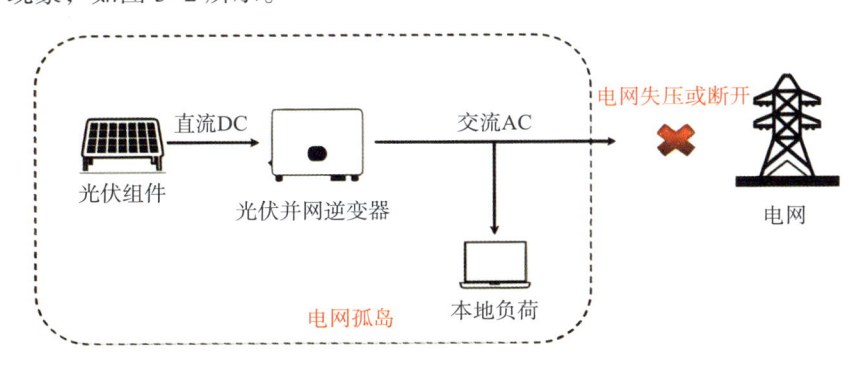

图3-2 光伏的孤岛效应示意图

非计划性光伏孤岛效应的危害如下。

（1）当电网停电检修时，电力工作人员可能不清楚光伏发电站的存在，若并网光伏电站的逆变器仍继续供电，可能危及电力工作人员的安全。

（2）当光伏孤岛效应发生时，电网不能控制供电孤岛的电压和频率，电压幅值和频率的波动会损坏用电设备。

（3）如果光伏逆变器仍然在发电，由于光伏并网系统输出电压和电网电压之间产生相位差，当电网重新恢复供电时会产生浪涌电流，可能会引起再次跳闸或损坏光伏发电系统、负荷和供电系统。

由此，光伏并网应具备防孤岛效应保护功能，当发生孤岛现象时，应能快速切除并网点，使本站与电网侧快速脱离，保证整个电站和相关维护人员的生命安全。

6. 分布式电源的优势有哪些？

答：我国目前电能生产、输送和分配的主要方式是集中发电、远距离输电和大电网互联。虽然这种电力系统的容量很大，但目前还存在一些弊端，主要是跟踪负荷变化不够灵活，一旦局部电网出现事故，容易造成大面积停电。

分布式电源与以上供电方式不同，它被直接安置在用户附近，通常采用技术先进的控制设备，具有以下优势。

（1）降低输电损耗。分布式电源接近电力用户，减少了远距离输电带来的能量损耗，提高了能源利用效率。

（2）提高供电可靠性。当大电网发生故障时，分布式电源可作为孤岛内的电源实现孤岛运行。分布式电源的分散布局和多样化能源来源可以提高电力系统的韧性和稳定性。当传统电力系统出现故障或中断时，分布式电源可以独立供电，确保关键负荷的连续供电。在出现天气灾害或者电网出现严重故障时，分布式电源可以保证对重要用电单位（如学校、医院、机场等地）的供电，减少大面积停电带来的损失。位置和容量合理的分布式电源可满足偏远地区的小负荷用电需求，提高对用户的供电可靠性。

（3）满足用户对于峰负荷的需要。减少发电设施的投资，帮助实现削峰填谷。

（4）促进可持续发展。分布式电源广泛应用可再生能源，如太阳能和风能，降低了对传统化石燃料的依赖，减少了碳排放和对环境的影响，有利于推动可持续发展。

7. 分布式电源的应用领域有哪些？

答：与传统的集中发电方式相比，分布式电源更加接近电力用户，实现了能源的近距离供应。分布式电源可以是各种类型的能源发电设备，其应用领域如图3-3所示。

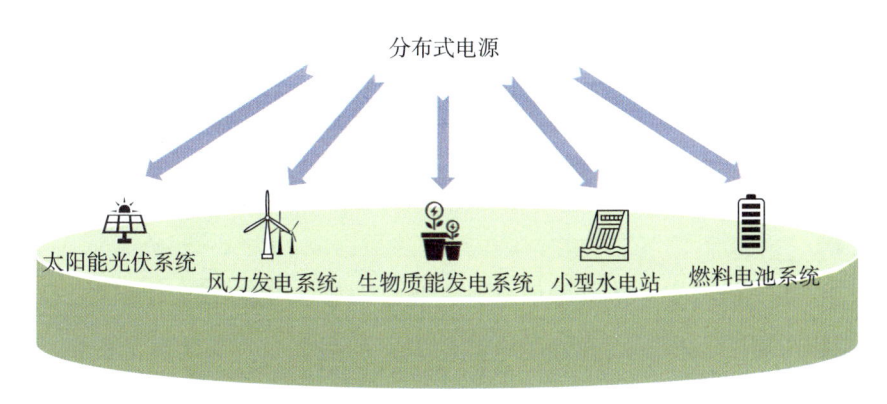

图3-3 分布式电源的应用领域

（1）太阳能光伏系统：利用光伏电池板将太阳能转化为直流电能的发电系统。太阳能光伏系统广泛应用于屋顶、太阳能农业、太阳能充电站等场景。

（2）风力发电系统：通过风力驱动涡轮机转动发电机，将风能转化为电能的发电系统。风力发电系统常见于风力发电场、居民社区和岛屿等地区。

（3）生物质能发电系统：利用生物质资源（如废弃物、农作物残渣等）通过燃烧、气化或发酵等方式发电的系统。生物质能发电系统在农村地区、工业园区和城市垃圾处理厂等场景得到了广泛应用。

（4）小型水电站：利用河流、溪流或水库中的水能转化为电能的发电系统。小型水电站常见于山区、乡村和偏远地区，可为当地提供电力供应。

（5）燃料电池系统：利用化学反应将氢气或其他可燃气体转化为电能的发电系统。燃料电池系统适用于远离电力网的地区，如船舶、无人岛屿等。

8. 分布式电源的前景如何？

答：近年来，我国持续推进能源结构性改革，推动能源发展方式由粗放式向提质增效转变。我国地域广阔，可再生能源种类繁多且分布广泛，如能够充分、合理地利用，将有效地补充传统的电力供应，促进节能减排。发展分布式电源已成为推动能源转型、保障能源安全的重要手段。

在新型能源安全战略的引导下，从"双碳"要求出发，必须广泛引入可再生资源，保证高弹性的电网配置，加强资源方面的灵活配置，促进终端负荷朝着互动方向、多元化方向发展，同时基础设备设施实现多网融合数字赋能。

未来新能源的发展要按照"风光并举"的发展模式进行优化，满足能源供给需求。在能源消费方面，一般是以电为中心进行综合能源的利用，包括风电、水电、储能、光伏等多种能源形式，上述能源形式是互相补充、多元互动的。目前，分布式电源项目在全国范围内已取得了阶段性的进展，从能源分布情况看，未来分布式电源在我国的发展前景广阔。

3.5 微电网技术

1. 什么是微电网？

答：微电网（micro-grid），是指由分布式电源、储能装置、能量转换装置、负荷、监控和保护装置等组成的小型发配电系统，能够在需要时与主电网连接或断开，实现独立供电。微电网通常用于区域或建筑物内，以满足可再生能源利用、能源安全性、电网弹性等需求。

2. 微电网技术形成的背景有哪些？

答：在传统的电力系统中，电力是由少数大型发电厂集中供应，并通过输电网传送到用户。然而，这种传统模式存在一些问题和限制：首先，集中电力系统的供电可靠性存在隐患，一旦发生故障或自然灾害，用户将面临断电风险；其次，输电和配电过程中的能量损耗较大，导致能源的利用效率降低；最后，人类对化石燃料的过度依赖引发了环境污染和气候变化等问题。面对这些挑战，微电网应运而生。

微电网通过将多种能源资源（如光伏发电系统、风力发电机组、生物质能发电装置等）与储能设备相结合，实现了分散式发电和能源管理。微电网可以在区域内或特定建筑物内独立运行，提供可靠的电力供应，并有效地利用可再生能源。微电网的发展将进一步推动能源行业的转型与创新，为人类创造更加可持续的未来。

3. 微电网主要包括哪些部分？

答：微电网作为一种新兴的能源供应模式，通过分布式发电、能源管理以及可再生能源的应用，解决了传统电力系统面临的一系列问题，微电网结构如图3-4所示。

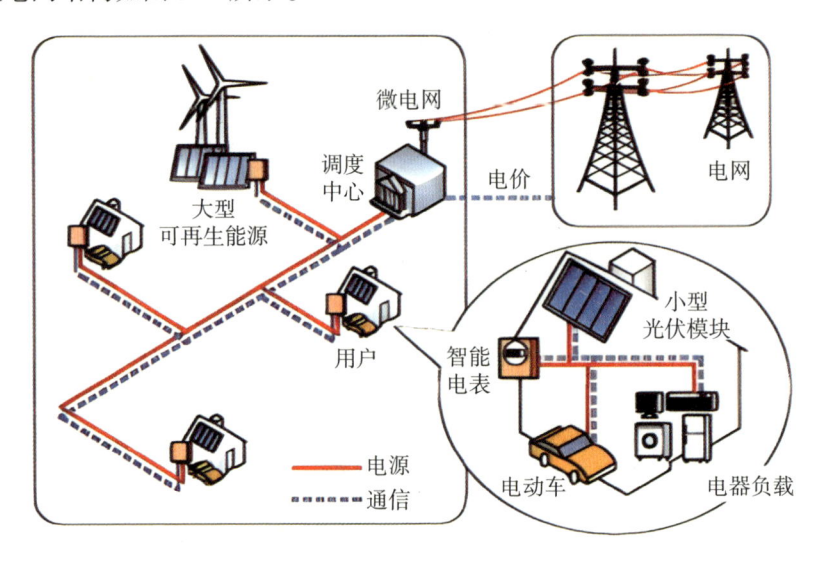

图3-4 微电网结构图

（1）分布式电源。微电网中的分布式电源是微电网的核心组成部分，包括太阳能光伏系统、风力发电机组、生物质能发电装置等。分布式电源可以近距离供应电力，减少输电损耗，并通过可再生能源的利用，降低对传统能源的依赖。

（2）储能装置。储能装置在微电网中起着平衡能源供需、稳定电网电压和频率的重要作用。常见的储能装置包括电化学储能、电磁储能、机械储能、热能储能、化学储能等。通过储能装置的应用，微电网可以将多余的电能储存起来，在需求高峰时释放，提高能源利用效率和供电可靠性。

（3）智能能源管理系统。微电网依赖智能能源管理系统进行能源调度和控制。这个系统利用数据采集、通信和分析技术,实时监测微电网内的能源供需状况,预测负荷需求,并根据优化算法进行能源分配和调度,以实现较佳的能源利用效率和电网稳定性。

(4)与主电网连接。微电网可以与主电网连接,形成与主电网互联互通的能源系统。当主电网供电正常时,微电网可以通过主电网获取电能,同时向主电网馈回多余的电能;当主电网出现故障或中断时,微电网可以独立运行,为微电网内的负荷提供可靠的电力供应。

(5)运行模式切换。微电网具有不同的运行模式切换能力,它可以根据实际情况从联网模式切换到孤岛运行模式。在孤岛运行模式下,微电网内的分布式电源和储能装置可以自主供电,不受主电网的影响,保证关键负荷的连续供电。

微电网可以实现可靠、高效、可持续的能源供应,提高能源利用效率,减少能源损耗和碳排放。它具备灵活性、可扩展性和智能化等特点,被广泛应用于工业园区、农村地区、岛屿、紧急救援和新能源示范项目等场景。未来微电网的发展必将促进能源转型和可持续发展。

4. 微电网技术的优势有哪些?

答:相比传统的集中电力系统,微电网的优势如下。

(1)有助于提高整体电网电力可靠性。微电网具备自主供电能力,可以在主电网出现故障或中断时独立运行,为用户提供可靠的电力供应。

(2)有助于改善电压分布。微电网中的分布式发电装置不集中于发电站的内部,可以根据需要与实际情况配置供电设备,进而改善电压分布。

(3)有助于降低损耗。合理安排微电网中的供电设备分布情况,可以就近供给电能,降低电能在传输过程中的损耗。

(4)可持续性和清洁能源利用率高。微电网广泛应用可再生能源

（如太阳能、风能等），可以实现分布式能源生产和利用。通过整合多种能源资源，微电网能够最大程度地利用可再生能源，减少对传统化石燃料的依赖，降低碳排放和环境影响。

（5）能源利用效率高。微电网通过智能能源管理系统，对能源进行监测、控制和优化。它可以根据电力需求、能源供应和储能情况进行智能调度，最大程度地提高能源利用效率，减少能源浪费。

（6）灵活性和可扩展性好。微电网具有较强的灵活性，能够根据需求进行扩展或缩减。它可以集成不同类型的能源资源和储能设备，根据实际情况进行配置和调整，适应不同规模和应用场景的需求。

（7）创新和技术推动。微电网的发展推动了能源领域的创新和技术进步。它与信息技术、物联网、人工智能等技术相结合，实现了智能能源管理和优化，为能源转型和可持续发展提供了新的思路和解决方案。

总体而言，微电网正在成为能源领域的热门研究和应用方向，它为解决能源供应的难题、推动可持续发展提供了创新的解决方案，有望在未来的能源体系中发挥重要作用。①

5. 微电网技术的应用领域有哪些？

答：微电网作为一种灵活、可持续的能源供应解决方案，具有巨大的前景和潜力，其应用领域涵盖了能源转型、可持续发展和电力行业的多个场景。

（1）能源转型推动。随着全球对可再生能源和低碳发展的日益重视，微电网将成为推动能源转型的重要力量，它可以集成各种可再生能源，如太阳能、风能和生物质能等，减少对传统化石燃料的依赖，降低碳排放，推动清洁能源的大规模应用。

---

① 杨京辉．网络攻击下孤岛交流微电网安全控制器设计[D].南京：南京邮电大学，2023.

（2）能源市场参与。微电网的发展将促使其更积极地参与能源市场，它可以根据市场需求和电力价格实现自主调度和运营，为能源用户提供更多的选择和灵活性，同时通过能源销售获得经济收益。

（3）城市能源供应。城市是能源需求集中的区域，微电网可以在城市中实现能源的分布式供应和管理。在城市区域建立微电网系统，可以提供可靠的电力供应，减少能源损耗，改善能源利用效率，提高城市的能源安全性和韧性。

（4）农村和偏远地区供电。对于农村和偏远地区来说，传统电力供应的成本通常较高，微电网可以通过分布式能源和储能装置，为农村地区提供可靠的电力供应，支持农村经济发展、教育、医疗和社区服务，促进农村地区的可持续发展。

（5）公共服务设施。学校和医院是社区中重要的公共服务设施，需要稳定的电力供应。微电网可以为学校和医院提供独立的供电系统，保障学校的教学和医院的医疗服务不受电力中断影响，提高社区的应急响应能力。在自然灾害、电力中断或紧急情况下，微电网可以作为应急备用电源，为关键设施、紧急救援和社区提供临时的电力供应，确保生命安全和基本生活需求。

（6）工业和商业用途。微电网可以为工业园区、商业建筑和大型设施提供可靠的电力供应，同时实现能源的高效利用和能源成本的降低，增强工业和商业的竞争力。

（7）新能源示范项目。微电网在新能源示范项目中有着广泛的应用，在示范项目中建立微电网系统，可以验证可再生能源技术、储能技术和智能能源管理系统的可行性和效果，为大规模应用提供经验和指导，推动新能源技术的创新和发展。

随着可再生能源技术和智能电网的不断发展，微电网在各个领域的应用将继续扩大，它将为未来能源体系的转型和创新做出重要贡献。包含学校、小区、商场、工厂的微电网示例如图 3-5 所示。

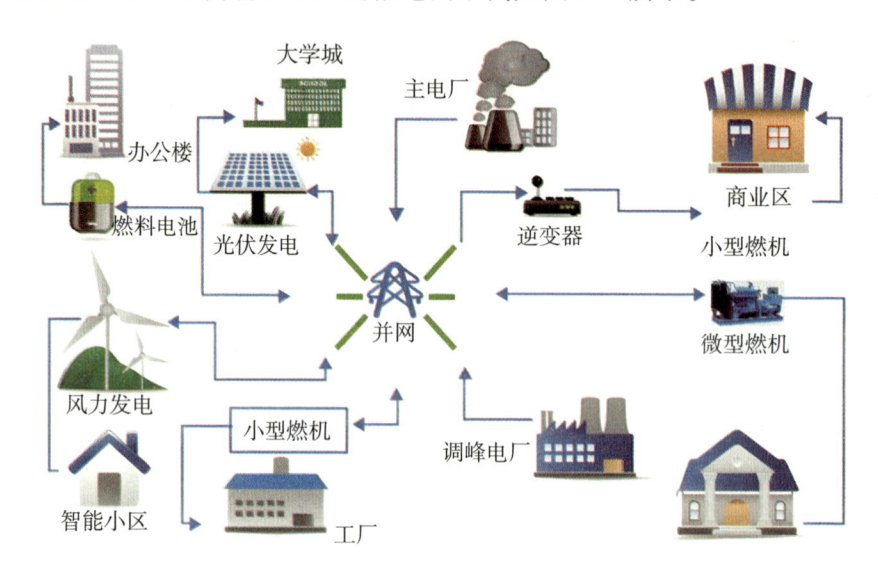

图 3-5　包含学校、小区、商场、工厂的微电网示例图

3.6　储　能　技　术

1. 什么是储能技术？

答：储能即能量的存储。通俗地讲是指利用化学或者物理的方法将一次能源产生的电能存储起来，并在需要时释放。电能无实物形态，即发即用，为了平抑电力供需矛盾，储能需求应运而生。生活中，小到移动充电宝，大到新能源汽车动力电池、电站超大型电池组，都属于储能范畴。目前，我国新能源发电市场迅速扩大，作为构建新型电力系统的重要组成部分，新型储能产业的发展日益受到关注。

2. 储能技术如何分类？

答：电能可以转换为化学能、势能、动能、电磁能等形态存储，按照电能转化的具体方式主要可分为机械储能、电磁储能、电化学储能三大类型。其中，机械储能包括抽水蓄能、压缩空气储能和飞轮储能；电磁储能包括超导、超级电容和高能密度电容储能；电化学储能包括铅酸、镍氢、镍镉、锂离子、钠硫和液流等电池储能。

（1）机械储能——抽水蓄能。抽水蓄能电站的最大特点是储存能量非常大，是电力系统中应用较为广泛的一种储能技术，储存能量的释放时间可以从几小时到几天，其主要应用领域包括调峰填谷、调频、调相、紧急事故备用、黑启动和提供系统的备用容量，还可以提高系统中火电站和核电站的运行效率。从技术层面讲，抽水蓄能电站的关键在于实现电能与高水位势能间的快速转换。

（2）机械储能——压缩空气储能。压缩空气储能电站（CAES）类似于调峰用燃气轮机发电厂，主要利用电网负荷低谷时的剩余电力压缩空气，并将其储藏在典型压力为 7.5 兆帕的高压密封设施内，再于用电高峰释放出来，以驱动燃气轮机发电。对于同样的输出，它消耗的工质要比常规燃气轮机少 40%。压缩空气储能电站建设投资和发电成本均低于抽水蓄能电站，但其能量密度低，并受岩层等地形条件的限制。压缩空气储能电站可以冷启动、黑启动，响应速度快，主要用于峰谷电能回收调节、平衡负荷、频率调制、分布式储能和发电系统备用。压缩空气常常储存在合适的地下矿井或者岩洞下的洞穴中。

（3）机械储能——飞轮储能。大多数飞轮储能系统是由一个圆柱形旋转质量块和通过磁悬浮轴承支撑的机构组成，飞轮系统运行于真空度较高的环境中，飞轮与电动机和一体机相连，其特点是没有摩擦损耗、风阻小、寿命长、对环境没有影响，几乎不需要维护。当谷值负荷时，飞轮储能系统由工频电网提供电能，电能通过电力转换器变换后驱动电机运行，带动飞轮高速旋转，以动能的形式储存能量；当峰值负荷时，高速旋转的飞轮作为原动机拖动发电机发电，经电力变换器输出电流和电压，完成机械能到电能的转换。飞轮具有优秀的循环使用及负荷跟踪性能，主要用于不间断电源/应急电源、电网调峰和频率控制。

（4）电磁储能——超导磁储能。超导磁储能系统（SMES）（如图 3-6 所示）利用超导体制成的线圈储存磁场能量。由于具有快速电磁响应特性和很高的储能效率，超导磁储能可以满足输配电网电压支撑，具有功率补偿、频率调整、提高系统稳定性等优点。和其他储能技术相比，目前超导磁储能的价格昂贵，除了超导本身的费用外，维持低温所需要的费用也不少，在世界范围内有许多超导磁储能工程正在运行或者处于建设阶段。

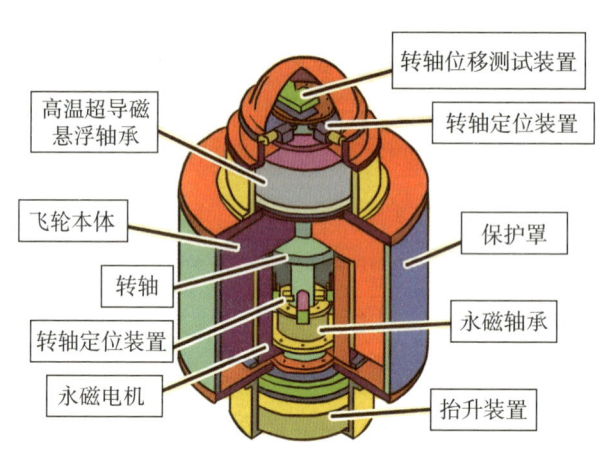

图 3-6　超导磁储能系统

（5）电磁储能——超级电容器储能。与常规电容器相比，超级电容器具有更高的介电常数、更大的表面积或者更高的耐压能力。超级电容器价格较为昂贵，在电力系统中多用于短时间、大功率的负载平滑和电能质量高峰值功率场合，如大功率直流电机的启动支撑、动态电压恢复器等，可在电压跌落和瞬态干扰期间提高供电水平。超级电容器历经三代数十年的发展，储能系统最大储能量达到 30 兆焦耳。目前，基于活性炭双层电极与锂离子插入式电极的第四代超级电容器正在开发中。

（6）电化学储能——电池储能。电池储能系统主要利用电池正负极的氧化还原反应进行充放电，主要包括铅酸电池、镍镉电池、锂离子电池、钠硫电池、全钒液流电池等。铅酸电池目前储能容量已达 20 兆瓦，其在电力系统正常运行时为断路器提供合闸电源，在发电厂、变电所供电中断时发挥独立电源的作用，为继电保护装置、拖动电机、通信、事故照明提供动力。但是，铅酸电池的循环寿命较短，且在制造过程中存在一定环境污染。

3. 储能在电网各环节可以发挥哪些作用？

答：储能在电网各环节发挥的作用如下。

（1）电源侧。储能以集中式配套、分布式微网（可再生能源＋储能）发展模式应用，可以平抑可再生能源的波动，增加可再生能源的消纳能力，有效解决当下弃风弃光和碳减排问题。

（2）电网侧。储能通过与配电网合作，建设变电站＋储能、电动汽车充电桩一体化等模式，来参与电网的调峰、调频、谐波治理等电力辅助服务，能够有效增加配电网的供电可靠性，同时延缓配电网相关投资，暂缓配电网的更新换代。

（3）用户侧。用户侧的储能是最先进入商业化发展的，主要为需求侧响应、需求电价这一商业模式，即大工业＋储能的应用场景，可以实现削峰填谷、降低企业用电成本等目标；在市场化机制下，还可以提高企业（电网）的经济性。

4. 储能技术的发展背景是什么？

答：近年来，《新型电力系统发展蓝皮书》（简称《蓝皮书》）、《关于进一步推动新型储能参与电力市场和调度运用的通知》和《"十四五"新型储能发展实施方案》等多项重磅文件相继出台，为新能源的进一步发展提供了理论基础。

《蓝皮书》明确提出，打造"新能源+"模式，加快提升新能源可靠替代能力，深度融合长时间尺度新能源资源评估和功率预测、智慧调控、新型储能等技术应用，推动系统友好型"新能源+储能"电站建设，实现新能源与储能协调运行，大幅提升发电效率和可靠出力水平。

随着电能供需规模的扩张，电网正在向数字化、网络化和智能化转型，电力网络将由独立系统转向相互协同的耦合系统，统筹调控网络上的信息流与能量流。此外，终端应用的多元化，如5G通信、数据中心、充电桩、新能源车等各类高耗电技术对稳定电能供应提出新的要求和新的标准，也孕育出储能需求。能源互联网与储能协调运行示意如图3-7所示。

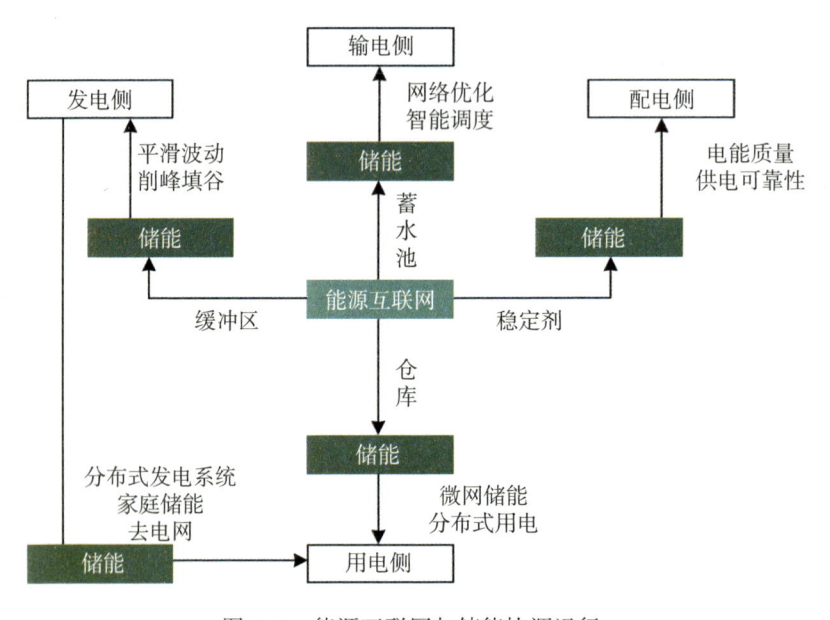

图 3-7 能源互联网与储能协调运行

在发电侧，储能技术可以针对风、光或传统电站，为电力系统提供容量支撑和削峰填谷，获取发电收入和调峰补贴；在电网侧，储能技术可以为电网公司提供调峰和调频服务；在用户侧，储能技术主要面向工商业或社区，提供应急/不间断电源，或提高光伏自发用电量，改善供电质量，提高经济效益。

新能源发电出力与用电高峰存在错位，且不稳定。首先，从用电规律来看，上午 10 点和晚上 8 点分别是两个高峰，但是风电、光电发电站分别在凌晨、中午出力较大，其出力时段分布与用电负荷存在较大差异。其次，季节、天气也会造成新能源发电出力的波动和不稳定性，需要其他电力措施来辅助提升电网的稳定性。"双碳"目标与储能的关系如图 3-8 所示。

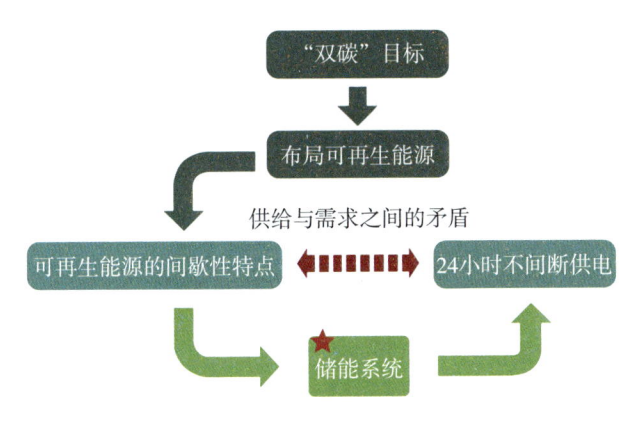

图 3-8 "双碳"目标与储能的关系

"十四五"规划明确，新型电力系统首先须以新能源为主体，到 2030 年，非化石能源占一次能源消费比重将达到 25% 左右；风电、光伏总装机将达 12 亿千瓦以上，较 2020 年年底跃升 126%。随着可再生能源装机量和发电量占比不断提升，其固有的间歇性和波动性增加了供需不匹配程度，而储能技术可提高风光消纳，赋予新能源可调节属性，有望推动能源革命更进一步。具体储能的应用场景如图3-9所示,储能技术在电力行业的应用范围见表3-4所列。

发电　　　输电　　　配电　　　用电

发电侧储能　　电网侧储能　　配电侧储能　　工商业储能　　居民/小型商业储能

| 辅助动态运行 延缓新建机组 | 缓解线路阻塞 延缓输配电扩容 | 备用电源 调频辅助服务 | 容量费用 电能质量 紧急备用 需求侧管理 用户分时电价管理 |

| 调频 电压支持 | 调频 备用容量 | | |

| 平滑输出 爬坡率控制 | 跟踪计划出力 | | |

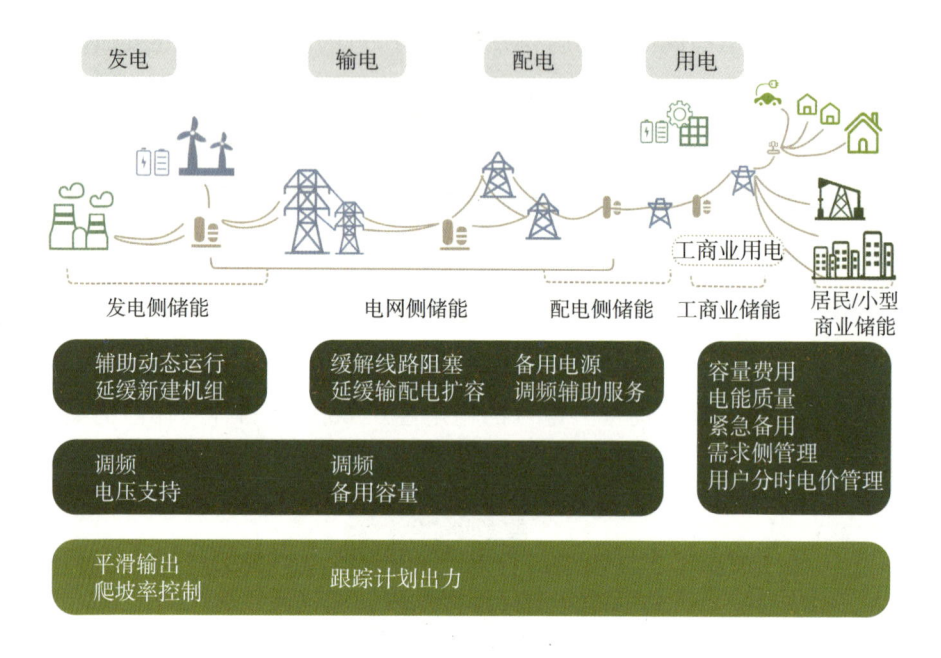

图 3-9　储能的应用场景

表3-4　储能技术在电力行业的应用范围

应用领域	应用场景	储能的功能或效应
发电领域	辅助动态运行	1. 利用储能技术响应速度快的特点,在进行辅助动态运行时提高火电机组的效率,减少碳排放 2. 避免动态运行对机组寿命的损害,减少设备维护和更换设备的费用
	取代或者延缓新建机组	降低或延缓对新建发电机组容量的需求
辅助服务领域	二次调频	1. 通过瞬时平衡负荷和发电的差异来调节频率的波动,通过对电网的储能设备进行充放电来控制充放电的速率,以调节频率的波动 2. 减少对火电机组的磨损

续　表

应用领域	应用场景	储能的功能或效应
辅助服务领域	电压支持	电力系统一般通过对无功的控制来调整电压。将具有快速反应能力的储能装置布置在负荷端，根据负荷需求释放或吸收无功功率，以调整电压
	调峰	在用电低谷时储存电能，在用电高峰时释放电能，实现削峰填谷
	备用容量	备用容量应用于常规发电资源无法预期的事故中，在备用容量应用中，储能需要保持在线，并时刻准备放电
输配电领域	无功支持	通过传感器测量线路的实际电压，调整输出的无功功率大小，进而调节整条线路的电压，使储能设备能够做到动态补偿
	缓解线路阻塞	储能系统安装在阻塞线路的下游，储能系统在无阻塞时段充电，在高负荷时段放电，从而减少系统对输电容量的需求
	延缓输配电扩容升级	在负荷接近输配电容量的系统内，将储能安装在原本需要升级的输配电设备下游位置，以缓解或者避免扩容
	变电站直流电源	变电站内的储能设备可用于开关元件、通信基站、控制设备的备用电源，直接为直流负荷供电
用户端	用户分时电价管理	帮助用户实现分时电价管理，在电价较低时给储能系统充电，在电价较高时放电
	容量费用管理	用户在自身用电负荷低的时段对储能设备充电，在需要高负荷时，利用储能设备放电，从而降低自己的最高负荷，达到降低容量费用的目的
	电能质量	提高供电质量和可靠性

续 表

应用领域	应用场景	储能的功能或效应
分布式发电与微网	小型离网储能应用	提供稳定电压和频率
	商业/家用储能系统	解决可再生能源发电的间歇性问题，降低用户侧用电成本，提高供电质量
大规模可再生能源并网领域	可再生能源电量转移和固化输出	平抑可再生能源发电出力波动，跟踪计划出力，避免弃风，减少线路阻塞，进行电价管理，在电网负荷尖峰时向电网提供功率支撑，减少电源的调峰压力，减少备用电源预留量

5. 我国储能项目装机规模如何？

答：根据 CNESA DataLink 全球储能数据库的不完全统计，截至 2023 年 6 月底，中国已投运电力储能项目累计装机规模 0.702 亿千瓦时（包括抽水蓄能、熔融盐储热、新型储能），同比增长 44%。抽水蓄能累计装机占比继 2022 年首次低于 80% 之后，再次下降近 10 个百分点，首次低于 70%。如图 3-10 所示。

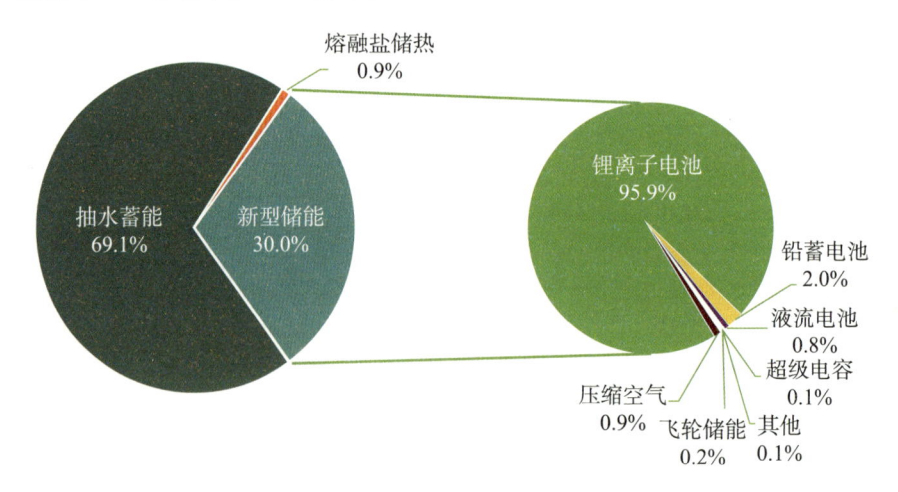

图 3-10 中国已投运电力储能项目累计装机规模

6. 我国抽水蓄能发展现状如何？

答：水电水利规划设计总院 2023 年 6 月 28 日发布的《抽水蓄能产业发展报告 2022》显示，截至 2022 年年底，我国抽水蓄能已建、在建装机规模达到 1.6 亿千瓦，还有接近 2 亿千瓦的抽水蓄能电站正在开展前期勘察设计工作。其中，已建规模 4 579 万千瓦，约占全球抽水蓄能装机的 26.2%，位居世界首位。

抽水蓄能电站技术是可再生能源规模最大、发展速度最快的技术之一，下面以丰宁抽水蓄能电站为例进行叙述。

丰宁抽水蓄能电站位于河北省承德市丰宁满族自治县境内，距北京市 180 千米，供电范围为京津及冀北电网。总装机容量 3 600 兆瓦，电站分两期开发，一、二期工程装机容量分别为 1 800 兆瓦。枢纽建筑物主要有上水库、下水库、一、二期工程输水系统、地下厂房及开关站等。上、下水库落差 425 米，在用电低谷时通过电力将水从下水库抽至上水库，相当于储存电能，在用电高峰期再放水至下水库发电。该工程总装机容量达 360 万千瓦，库能巨大，一次蓄满可储存新能源电量近 4 000 万千瓦时，被誉为世界最大的"超级充电宝"，全年可消纳新能源电量 87 亿千瓦时。12 台机组全部投运后，每年可消纳过剩电能 88 亿千瓦时，年发电量 66.12 亿千瓦时，可满足 260 万户家庭一年的用电，年节约标准煤 48.08 万吨，减少碳排放 120 万吨，相当于造林 24 万余亩。丰宁抽水蓄能电站将有力支撑"外电入冀"战略，缓解"三北"地区弃风、弃光困局，更好地消纳跨区清洁能源，在京津冀电网中承担调峰、调频、调相、储能、系统备用及黑启动任务，支撑华北电网安全稳定运行，增强系统调节能力，快速跟踪新能源出力，发挥大容量储能作用，推动能源清洁低碳转型，服务碳达峰、碳中和，具有十分重要的作用。

7. 什么是新型储能？

答：新型储能是指除抽水蓄能以外的新型储能技术，包括新型锂离子电池、液流电池、飞轮、压缩空气、氢（氨）储能、热（冷）储能等。

8. 我国新型储能发展现状如何？

答：根据 CNESA DataLink 全球储能数据库的不完全统计，2023 年上半年，中国新型储能继续高速发展，项目数量（含规划、建设中和运行项目）850 个，是 2022 年同期的 2 倍多。新增投运规模 800 万千瓦/1 670 万千瓦时，超过 2022 年新增规模水平（730 万千瓦/1 590 万千瓦时），如图 3-11 所示。新增投运项目主要集中在 6 月份，单月投运规模达到 395 万千瓦/831 万千瓦时，占上半年新增投运总规模的 50%。

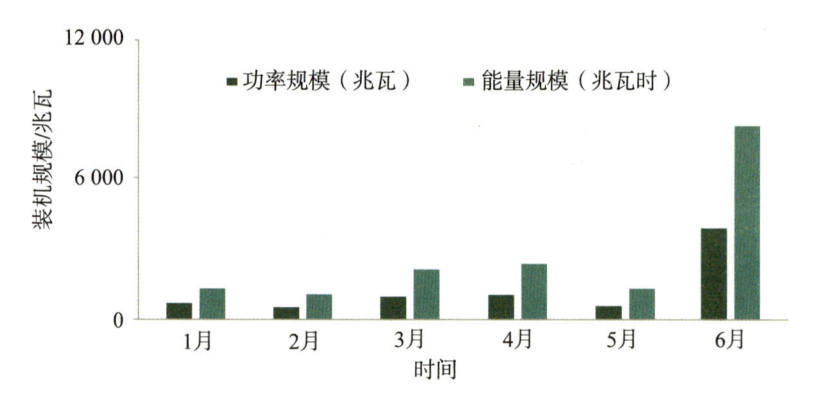

图 3-11 中国新增投运新型储能项目装机规模（2023 年上半年）

2023 年上半年，中国企业在全球市场中的储能电池（不含基站/数据中心备电类电池）产量超过 7 500 万千瓦时，是 2022 年同期的 2 倍多，出口比重超过 55%。

（1）规模等级上，百兆瓦级项目数量增速明显，40 余个百兆瓦级项目相继投运；规划和建设中的百兆瓦级项目数量已超过 2022 年全年水平。各功率等级项目数量分布情况如图 3-12 所示。

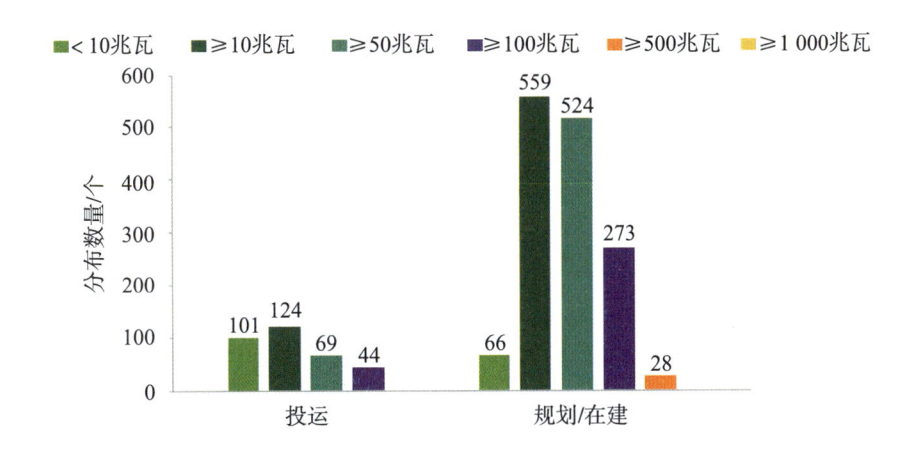

图 3-12　各功率等级项目数量分布情况（2023 年上半年）

（2）技术分布上，磷酸铁锂仍是主流，非锂储能技术应用逐渐增多；首个飞轮火储调频项目、首个飞轮+锂电混储调频项目、用户侧单体最大铅碳电池项目相继投入运行；300 兆瓦功率等级压缩空气加速布局，多类液流电池细分技术路线以及百兆瓦级钠电项目纳入省级示范项目清单。

从电化学储能的发展来看，全球储能装机仍有较强成长性。随着各主要区域市场的政策支持力度不断加大，叠加储能成本持续下降，全球储能市场进入快速增长阶段。2019—2023 年全球电化学储能累计装机规模如图 3-13 所示。

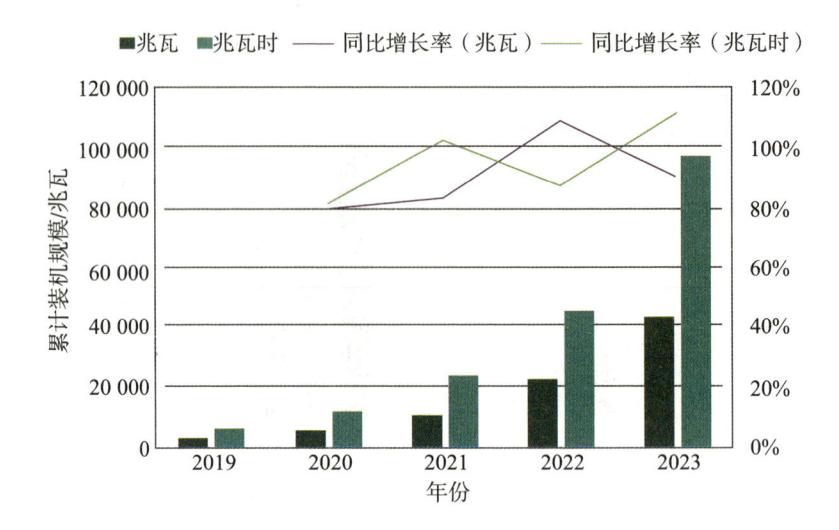

图 3-13　2019—2023 年全球电化学储能累计装机规模

2022 年，尽管受供应链不畅、原材料涨价等冲击，储能市场依然展现出了高歌猛进的态势。目前，全球储能市场持续高速增长，中国、美国、欧洲为主要增量市场。2019—2023 年中美欧储能装机规模如图 3-14 所示。

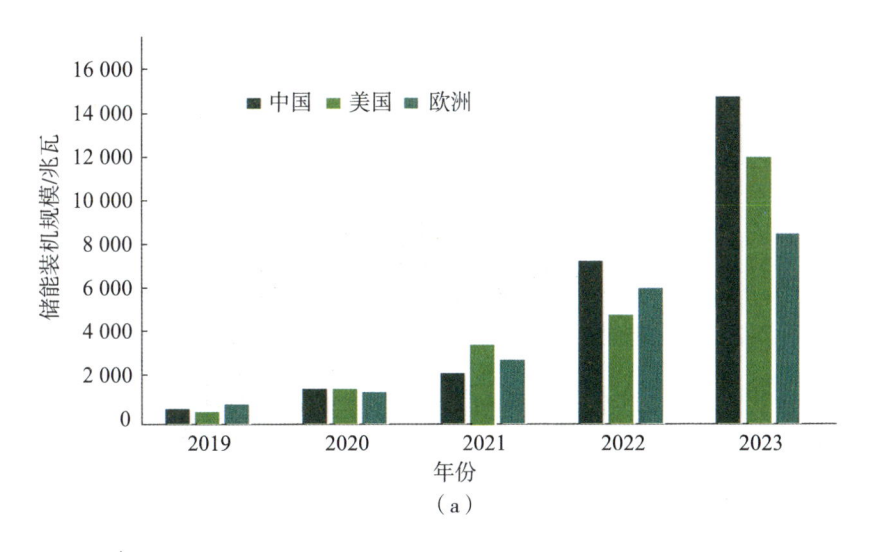

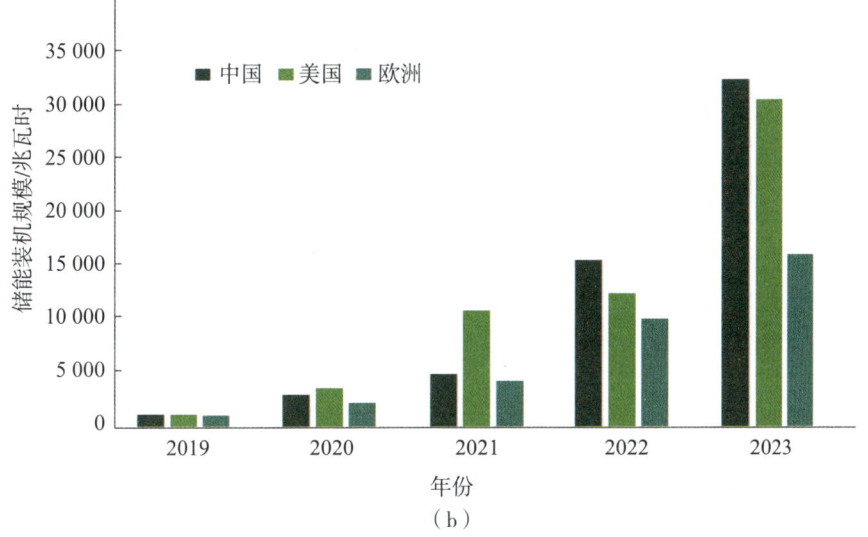

图 3-14　2019—2023 年中美欧储能装机规模

（3）应用分布上，独立储能和共享储能项目的快速推进，使得"表前"（电源侧和电网侧）应用规模继续大幅增长，占比合计 98%。用户侧储能近两年的装机占比虽然大幅下降，但得益于峰谷价差持续拉大和时段的优化，用户侧储能的市场热度持续升高，备案项目数量大幅增长。仅 2023 年 6 月，全国共备案了超过 250 个用户侧储能项目，规模合计 2.7 亿瓦时，其中江苏、浙江和广东项目数量占比达到 81%。2023年上半年中国新增投运新型储能项目装机分布情况如图 3-15 所示。

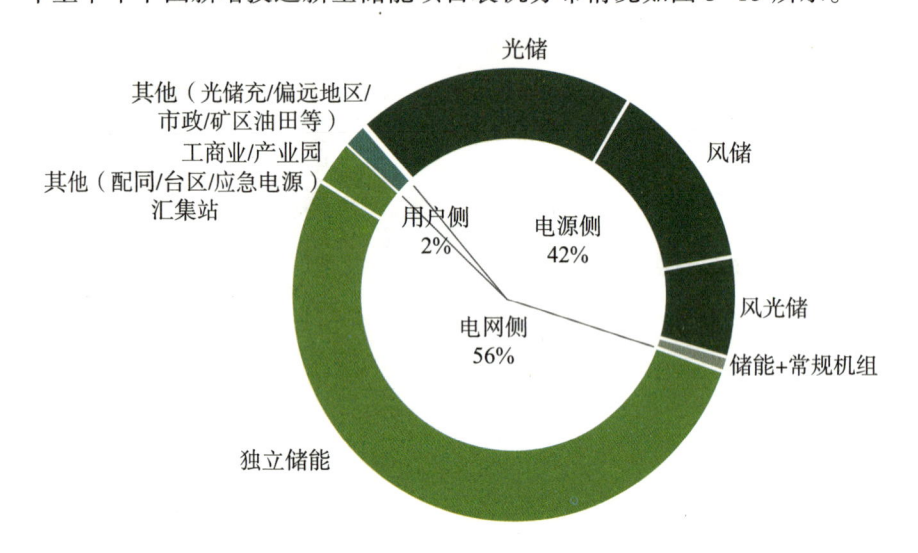

图 3-15　2023 年上半年中国新增投运新型储能项目装机分布

（资料来源：中国化学与物理电源行业协会储能应用分会产业政策研究中心）

9. 储能技术未来发展方向是什么？

答：未来应持续优化建设布局，促进新型储能与电力系统各环节融合发展，支撑新型电力系统建设；推动新型储能与新能源、常规电源协同优化运行，充分挖掘常规电源储能潜力，提高系统调节能力和容量支撑能力；合理布局电网侧新型储能，着力提升电力安全保障水平和系统综合效率；实现用户侧新型储能灵活多样发展，探索储能融合发展新场景，拓展新型储能应用领域和应用模式。

（1）加大力度发展电源侧新型储能项目。

①推动系统友好型新能源电站建设。在新能源资源富集省区，如内

蒙古、新疆、甘肃、青海等，以及其他新能源高渗透率地区，重点布局一批配置合理新型储能的系统友好型新能源电站，推动高精度、长时间尺度功率预测、智能调度控制等创新技术应用，保障新能源高效消纳利用，提升新能源并网友好性和容量支撑能力。

②支撑高比例可再生能源基地外送。依托存量和"十四五"新增跨省跨区输电通道，在东北、华北、西北、西南等地区充分发挥大规模新型储能作用，通过"风光水火储一体化"多能互补模式，促进大规模新能源跨省区外送消纳，提升通道利用率和可再生能源电量占比。

③促进沙漠、戈壁、荒漠大型风电光伏基地开发消纳。配合沙漠、戈壁、荒漠等地区大型风电光伏基地开发，研究新型储能的配置技术、合理规模和运行方式，探索利用可再生能源制氢，支撑大规模新能源外送。

④促进大规模海上风电开发消纳。结合广东、福建、江苏、浙江、山东等省区大规模海上风电基地开发，开展海上风电配置新型储能研究，降低海上风电汇集输电通道的容量需求，提升海上风电消纳利用水平和容量支撑能力。

⑤提升常规电源调节能力。推动煤电合理配置新型储能，开展抽汽蓄能示范，提升运行特性和整体效益。同时，探索开展新型储能配合核电调峰调频及多场景应用，探索利用退役火电机组既有厂址和输变电设施建设新型储能或风光储设施。

（2）因地制宜发展电网侧新型储能项目。

①提高电网安全稳定运行水平。在负荷密集接入、大规模新能源汇集、大容量直流馈入、调峰调频困难和电压支撑能力不足的关键电网节点合理布局新型储能，充分发挥其调峰、调频、调压、事故备用、爬坡、黑启动等功能。

②增强电网薄弱区域供电保障能力。在供电能力不足的偏远地区，如新疆、内蒙古、西藏等省区的电网末端，合理布局电网侧新型储能或风光储电站，提高供电保障能力。在电网未覆盖地区，通过新型储能支撑太阳能、风能等可再生能源开发利用，满足当地用能需求。

③延缓和替代输变电设施投资。在输电走廊资源和变电站站址资源紧张地区，如负荷中心地区、临时性负荷增加地区、阶段性供电可靠性需求增大地区等，支持电网侧新型储能建设，延缓或替代输变电设施升级改造，降低电网基础设施综合建设成本。

④提升系统应急保障能力。围绕政府、医院、数据中心等重要电力用户，在安全可靠前提下，建设一批移动式或固定式新型储能作为应急备用电源，研究极端情况下对包括电动汽车在内的储能设施集中调用机制，提升系统应急供电保障能力。

（3）灵活多样发展用户侧新型储能项目。

①支撑分布式供能系统建设。围绕大数据中心、5G基站、工业园区、公路服务区等终端用户，以及具备条件的农村用户，依托分布式新能源、微电网、增量配网等配置新型储能，探索电动汽车在分布式供能系统中的应用，提高用能质量，降低用能成本。

②提供订制化用能服务。针对工业、通信、金融、互联网等用电量大且对供电可靠性、电能质量要求高的电力用户，根据优化商业模式和系统运行模式需要配置新型储能，支撑高品质用电，提高综合能源利用效率。

③提升用户灵活调节能力。积极推动不间断电源、充换电设施等用户侧分散式储能设施建设，探索推广电动汽车、智慧用电设施等双向互动智能充放电技术应用，提升用户灵活调节能力和智能高效用电水平。

（4）开展新型储能多元化应用。

①推进源网荷储一体化协同发展。通过优化整合本地电源侧、电网

侧、用户侧资源，合理配置各类储能，探索不同技术路径和发展模式，鼓励源网荷储一体化项目开展内部联合调度。

②加快跨领域融合发展。结合国家新型基础设施建设，积极推动新型储能与智慧城市、乡村振兴、智慧交通等领域的跨界融合，不断拓展新型储能应用模式。

③拓展多种储能形式应用。结合各地区资源条件，以及对不同形式能源的需求，推动长时间电储能、氢储能、热（冷）储能等新型储能项目建设，促进多种形式储能发展，支撑综合智慧能源系统建设。

3.7 新型电力系统基础支撑技术

1. 风光发电友好并网及主动支撑技术的发展如何？

答：一方面，风光发电友好并网及主动支撑技术可以通过优化机组布局及控制策略来提升风光发电对电网频率、电压波动的适应性，提高抗扰动能力；另一方面，风光发电友好并网及主动支撑技术可以通过内部算法实现风光发电机端电压和频率调节，"主动"地为电网提供必要的频率和电压支持，甚至提供构网支撑能力。此外，能够辅助电网故障恢复，为电网提供惯量、阻尼及电压支撑，在提高电力电子化电力系统稳定性、保障新能源高效消纳、提升系统弹性等方面发挥重要作用。

但是，网源协调运行机制的不健全制约了风光发电友好并网及主动支撑技术的进一步发展与应用，要进一步研究"沙戈荒"地区、海上风电、"双高"电力系统、高比例分布式发电等典型电力系统下的风光发电主动支撑技术需求，加快技术研发和运行机理研究，从方法研究、关键设备研制、协调控制、网源协同等多方面开展研究，以电源侧技术创新助力新型电力系统的稳定运行。

2. 新能源电量高占比电力系统规划技术的发展如何？

答：电力系统规划技术指研究未来一段时间内电力系统源网荷储各环节发展和建设方案的技术，包括规划仿真计算技术和规划分析技术等。

规划仿真计算技术已有成熟的、基于持续负荷曲线的、适应常规电源为主的电力系统随机生产模拟方法。基于时序负荷曲线的、适应日调节平衡模式的电力系统时序生产模拟方法，可以近似评估新能源电量低占比情况下的电力电量平衡情况，但不能适应新能源电量高占比情况下，新能源与负荷月度、季节不平衡导致的跨月、跨季节等长周期调节平衡模式的电力电量平衡问题。随着新型电力系统建设的推进，新能源占比逐步提升，需研究考虑多源异构储能、新能源出力高度不确定性和需求响应的电力系统源网荷储一体化随机时序生产模拟方法，并开发相应的计算工具，保障新型电力系统电力电量平衡分析的准确性。

规划分析技术已有成熟的规划方案经济性分析方法、适应新能源电量低占比的电网规划安全性量化评估方法。但是，随着新能源和常规直流电源占比逐步提升，柔性直流、储能等新技术大规模应用，电力系统安全稳定特性和机理发生变化，原有的安全性量化评估方法已不完全适用新型电力系统的发展。针对新型电力系统面临的安全稳定问题，要提出适应高比例可再生能源接入的频率/电压支撑和调节能力的评估指标和技术要求，构建柔性直流、构网型储能与交流电网的协调控制策略，完善考虑新能源、储能、柔性直流等电力电子设备贡献的短路电流计算方法，为电网规划安全性评估提供技术支撑，提升新型电力系统安全稳定水平。

3. 新型电力系统安全稳定分析与控制技术的发展如何？

答：为有效应对新型电力系统高复杂性、高波动性和高风险性带来的挑战，需要构建适应新型电力系统的响应驱动安全稳定分析与控制体系，完善电力系统安全防御体系框架。在安全稳定分析方面，高比例可再生能源电力系统频率稳定量化分析技术能够实现系统扰动冲击后频率稳定裕度精准量化评估，为电网频率稳定量化分析提供坚强支撑。对于多电力电子设备并网系统，短路比/短路电流作为表征新型电力系统电压支撑能力的重要指标，在提升调度运行人员对新型电力系统稳定特性变化的掌握，指导各新能源场站运行在合理功率水平，降低系统因新能源故障穿越、脱网引起失稳风险，以及统筹提高新能源总体利用率等方面发挥重要作用。未来需要掌握新能源多场站短路比/短路电流实时计算技术，实现新能源并网可接纳极限的多维度评估，全面提升新能源安全消纳水平及对运行风险的掌控水平；需要推进新能源安全消纳极限评估技术，实现电网安全因素约束下系统新能源消纳能力的精准测算。在安全稳定控制方面，随着新能源装机占比不断提高，以同步机为主导的网源协调特性逐渐向电力电子化特性方向演变。在常规电源灵活调节技术方面，需要大力推动常规火电、水电机组灵活调节改造技术应用，提升火电、水电机组调频、调压、调峰性能，充分发挥清洁高效先进节能常规电源的支撑作用。在新能源并网主动支撑技术方面，亟须准确把握新能源并网波动性、随机性强及支撑调节能力弱等特点，大力开展风电、光伏场站主动调频、调压基础理论研究，在新能源汇集地区选取试点应用和推广，切实提升风电场、光伏发电站等新能源场站的调频、调压性能。在基于实时信息的发电侧主动支撑能力评估与控制技术方面，应依托通信、信息技术，以广域协调控制为手段，开展新型电力系统电压、频率、阻尼支撑能力在线评估、预警与控制技术研究。此外，面对日趋复杂的"双高"电网安全运行问题，在线安全稳定评估与防御愈发重要，应基于电网仿真或测量信息，研究信息驱动的电网在线安全稳定态势量化评估体系与自适应优化防控技术，提高电网在线安全防御实用化水平。

4. 多重不确定性下的电力电量平衡优化技术的发展如何？

答：随着新能源电量占比逐步提升，平衡能力供给与调节需求此消彼长，系统正逐步进入供给与需求持平的分水岭状态，给电网调度运行带来了巨大挑战。构建新型平衡体系，需拓展平衡决策对象，将当前局部电网确定性的平衡决策方法调整为支撑"国—网—省—地"多层级电网一体的随机—确定性平衡决策方法。平衡机制方面，围绕"经济、低碳、节能"平衡目标的多样性，"时间、空间"平衡范围的广泛性，"发电、负荷"双向波动的不确定性，构建多目标协调、多时序滚动、多层级电网一体、源网荷储多要素协同的动态综合平衡体系。在平衡预警方面，量化分析风、光、煤、气等一次能源供给对发电能力的影响，建立一、二次能源联动分析模型。将调节对象从单一的电源侧拓展至源荷储等多元对象，提出海量分布式负荷侧调节资源聚合方法，深度挖掘负荷侧资源调节潜力。建立多时间尺度电力电量概率化平衡定量分析模型及平衡预警指标体系，实现多时间尺度下电力电量平衡分级预警。在平衡优化决策方面，提出发电检修安全管控多业务协调、源网荷储多元能源互动、"国—网—省—地"多层级电网一体的大规模复杂约束优化模型构建技术；突破计及多重随机因素的优化调度模型构建及求解技术，提出模型数据交互驱动的电网前瞻优化调度方法，将数据驱动方法推演结果嵌入前瞻调度模型，提升系统应对不确定性的能力。

5. 高比例可再生能源及电力电子设备接入的交直流保护技术的发展如何？

答：继电保护作为系统安全稳定的第一道防线至关重要，随着大规模新能源及电力电子设备接入电网，电网结构与故障特性的显著改变直接影响了现有交直流系统中继电保护的动作性能。高比例可再生能源及电力电子设备接入的交直流保护技术，以新型电力系统故障特征分析与提取为基础，考虑系统中的控制限流、故障穿越等因素，围绕相互补充、相互独立的思想，重点提升继电保护"四性"，实现故障的精准切除，解决现有交直流系统中继电保护装置动作性能下降的问题，在提升故障特性认知水平、保障系统稳定运行能力等方面发挥重要作用。

为满足新型电力系统发展需求，新型场景下的保护控制协同技术成为新的技术发展方向，可支撑新型电力系统的快速发展，完善继电保护技术领域体系。特别是针对远海新能源送出系统、沙漠光伏送出系统、新能源经柔性直流送出系统等新场景，利用电力电子设备的高度可控特性，通过继电保护和控制策略的协同，实现故障快速隔离及恢复，有效减少系统停电范围与时间，促进新能源消纳，提高系统运行效率。

新型电力系统故障模拟及测试技术是继电保护装置性能提升的必要手段。基于新型电力系统典型场景，通过数字与物理相结合的方式，可实现对故障特性的准确模拟及对新型保护的全面测试，是保护装置能够顺利运行的基石。

新型源荷接入的电网保护整定计算技术是全面构建新型电力系统继电保护技术体系的重要组成部分。以新型电力系统中的保护配置与整定原则为前提，建立适用于整定计算的新能源故障计算模型，能够有效提升短路电流计算与定值整定的准确性，确保继电保护装置动作性能得到充分发挥。

6. 虚拟电厂技术的发展如何？

答：虚拟电厂（virtual power plant, VPP）是一种聚合电网调度中原本看不到、控制不了的负荷侧可调节资源，形成可调控、可交易单元，直接参与电网调度控制和电力市场交易的智能控制技术和商业模式。

虚拟电厂商业化运营的一个重要特点在于，通过发挥平台对相关业务运营主体的枢纽或聚合作用，实现各类资源、各类市场主体之间的创新协同。现阶段，虚拟电厂主要的盈利模式为通过需求响应赚取辅助服务费用后的分成。虚拟电厂运营商和负荷聚合商通过聚合电力用户可调负荷，利用可控负荷进行需求响应或参与辅助服务，响应补贴和容量补贴即为总体收入。虚拟电厂运营商获得收入后须与电力用户进行分成，政策并不限定分成比例。

例如，冀北地区于2019年开展了虚拟电厂试点实践，先后攻克了聚合调控、市场交易、信息通信等关键技术，2019年12月12日正式投入商业运营，实现了可调节资源的感知、聚合、优化、调控与运营。冀北虚拟电厂采用工业物联网"云、管、边、端"体系架构（如图3-16所示），截至目前，冀北虚拟电厂示范工程接入了张家口、秦皇岛、承德、廊坊地区蓄热式电采暖、智慧楼宇、可调节工商业等可调节资源，冀北虚拟电厂智能管控平台上已有2家虚拟电厂运营商/负荷聚合商代理可调节资源参与调峰市场运营。

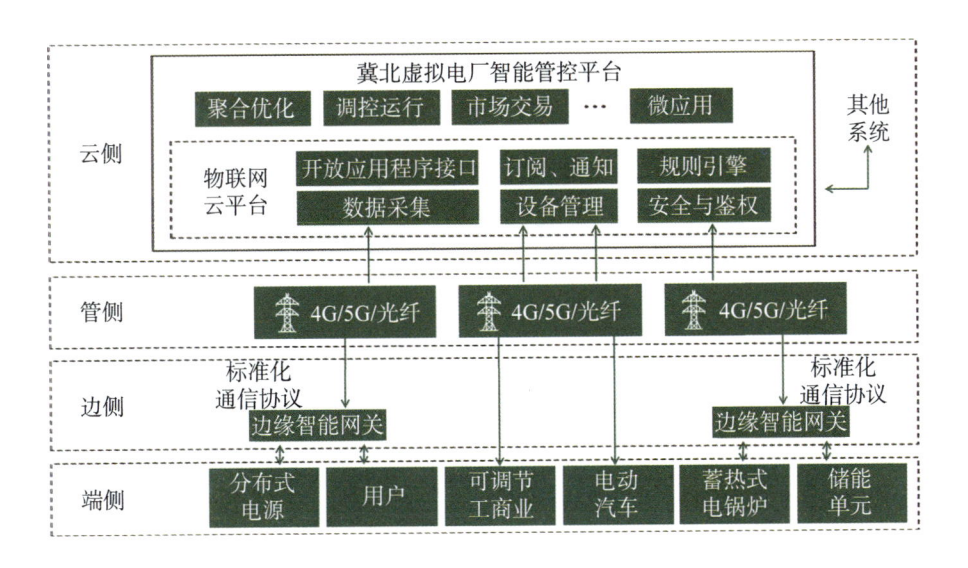

图 3-16 冀北虚拟电厂架构

第4章 电力行业发展助力能源低碳转型

4.1 新型电力系统与新型能源体系之间的关系

1. 新型电力系统在新型能源体系中有哪些功能?

答:新型电力系统在新型能源体系中的功能可从以下方面叙述。

(1)能源供给侧。充分发挥油、气、煤、水、核、风、光等的互补优势,形成多轮驱动的供应体系。当前,统筹发展和安全、统筹保供和转型的压力正在较为明显地向电力系统转移。尤其是以沙漠、戈壁、荒漠地区为重点区域的大型风电和光伏基地,周边清洁、高效、先进、节能煤电,以及特高压输变电线路间"三位一体"的协同开发和统筹布局,将成为建设新型能源体系的重要新模式之一。作为基础平台,新型电力系统的构建需要结合各地区能源发展目标和产业发展实际等,按照"量率一体、全网平衡"的原则,科学合理地规划非化石能源发展的规模、结构、布局和时序,逐步压实新能源发电的安全责任和成本责任,推动其有序发展。

(2)能源配置侧。逐步实现多品种能源协同的能源产供储销体系至关重要,立足我国能源资源与消费中心逆向分布的客观实际,构建新型电力系统网架结构，增强大规模广域和多元化灵活的配置能力是关键支撑之一。构建新型电力系统，坚持"就地平衡、就近平衡为要，跨区平衡互济"，持续提升本地自平衡能力，持续增强完善特高压电网及各级电网网架，提升对送端高比例可再生能源接入弱系统及受端直流密集馈入的适应能力，满足大型新能源基地安全运行及远距离大规模电力外送需求。

（3）能源消费侧。构建新型电力系统将推动电能利用范围不断扩大，电动汽车、综合能源服务、大数据中心等各种用能方式和服务需求大量涌现，预计2030年和2060年全国终端电气化水平将分别超过39%和70%，大幅降低化石能源利用对生态环境承载能力造成的压力。尤其是电力的便捷性、清洁性，以及新型电力系统的柔性、包容性等都会成为构建新型能源体系的关键，逐步推动"电碳氢氨醇"等产业链融合升级，促进形成更加高效灵活的能源消费模式。

2. 新型电力系统在新型能源体系中有哪些价值？

答：电力全面反映人类社会生产生活方式和发展诉求，能够带来数据价值、服务价值和平台生态价值，带动能源领域实现价值的全面跃升。基于数字技术对能源电力系统的全面改造和赋能升级，在电力与经济社会系统的数据交互共享中，围绕电力大数据运营、5G与地理信息时空服务、基于区块链技术的场景创新应用等实现数据对新产品、新模式的带动。立足从资源提供者到服务提供者的深刻转型，电力将推动形成更加开放柔性的能源互联网发展环境，催生数据整合商、运营零售商、综合服务商、金融服务商等新的市场主体，提供基于信息增值的系列能源电力服务，满足用户多样化、个性化、互动化需求。在此基础上，推动形成能源工业互联网、电碳资源综合配置平台等全新产业生态，全面激发电力的平台生态价值。

3. 新型电力系统在新型能源体系中能发挥哪些作用？

答：新型电力系统密切连接一次能源和二次能源，能够实现多种能源间的灵活高效智能转换，是能源供给侧和消费侧的重要枢纽平台。未来，加快构建新型电力系统将是建设新型能源体系的重中之重。

4. 如何以新型电力系统推动建设新型能源体系？

答：新型能源体系的建设，需要能源全流程、全环节协同发力、统筹发展。建设新型能源体系需要能源配置平台化、能源生产清洁化、能源消费电气化、能源创新融合化、能源业态数字化。构建新型电力系统将有力支撑新型能源体系建设。

（1）在能源配置平台化方面，构建新型电力系统、持续推进能源配置平台化，坚持贯彻落实党中央、国务院关于加强电网建设的战略部署，充分发挥电网的平台和纽带作用，不断推动特高压输电线路、主网网架及配电网的优化完善，提升跨区跨省输电能力，并积极服务新能源并网。

（2）在能源生产清洁化方面，从保障能源安全、推动能源转型、服务"双碳"目标的高度，构建多元合理的能源供应体系，坚持集中式和分布式并举，全面提升电力系统调节能力和灵活性，引导形成绿色低碳的能源消费模式。

（3）在能源消费电气化方面，在大力发展非化石能源电源的同时，以提高电能占终端能源消费比重为目标，稳妥有序地实施电能替代，加强节能节电技术创新与电力需求侧管理，构建现代供电服务体系，拓展综合能源服务业务，同时通过相应的技术创新支撑与体制机制保障，推动能源生产与消费变革，助力经济社会全面绿色转型。

（4）在电源创新融合化方面，实施"新型电力系统科技攻关行动计划",统筹推进基础理论研究、关键技术攻关、标准研制、成果应用和工程示范。加强基础、前瞻研究领域的研发投入,实现电力高端芯片、关键核心部件、基础应用软件等国产化替代。编制"新型电力系统技术标准体系框架",超前布局标准国际化方向。面向电网发展新兴技术和核心技术领域,加强电力智能传感、区域能源互联网、大型变压器组部件等实验研究能力建设。推进新型电力系统示范区建设,选择福建、浙江、青海作为省级示范区,重点研究送受端大电网与分布式、微电网融合发展方案;选择西藏藏中、新疆南疆、河北张家口作为地区级示范区,重点研究送端高比例可再生能源电力系统构建方案。加强科研协同创新,主动对接国家部委和行业龙头企业,充分发挥国家电网公司主体支撑和融通带动作用。

(5)在能源业态数字化方面,加快构建多元能源协同的大数据中心服务体系,坚持"平台+服务+生态"协同发展模式,整合跨专业、跨领域资源,创新能源大数据中心的商业模式、服务和产品。加速提升新能源友好并网数字化水平,利用数字技术构建新能源云等工业互联网平台,有效促进风电、太阳能发电等新能源发电的科学规划、合理开发、高效建设、安全运营、充分消纳。充分激活用户侧资源灵活互动能力,利用数字技术实现终端用户数据的广泛交互、充分共享和价值挖掘,提升终端用能状态的全面感知和智慧互动能力。提升电网资源高效配置的智能互联能力,支撑电网向能源互联网升级,实现电、热、冷、气、氢的"横向"多能互补和高效利用,促进全社会能效提升。加快数智化,依托数字技术为新型电力系统源网荷储海量分散的调节性、支撑性资源参与辅助服务市场、现货市场、容量市场等多类型市场提供技术支撑,实现支撑新型电力系统市场化变革。构建能源产业生态圈,利用"云大物移智链边"等新一代信息技术,推动能源产品及服务的互联互通,提升能源服务水平。

4.2 电力数据

1. 电力数据如何提高能源服务水平？

答：以云计算、大数据、物联网、移动互联网、人工智能、区块链、边缘计算等先进数字科学技术赋能的电网信息化建设正不断驱动能源电力服务的高质量发展。

随着智能电网和信息化建设，电力行业积累了海量数据，这些数据具有价值密度高、采集范围广、实时性强、准确性高等特点。电力大数据是电力公司的新型资产，能够促进电网向数智化转型，助力能源行业企业的业务管理向更精细、更高效的方向发展。同时，电力数据应用到经济社会各个领域，电力支撑了所有的经济活动，其中各种行为数据在电力数据中有实时反映。因此，电力企业的数智化转型，也会支撑以能源互联网和智能互联网融合所带动的新兴产业的发展，促进能源电力行业与其他领域智慧融合、共享便捷，赋能政府精准管理、产业低碳转型、智慧城市建设等诸多场景。

2. 电力数据如何助力服务政府科学化决策？

答：电力数据是经济发展的晴雨表。以"透过电力数据看奥运经济"为例，通过构建冬奥会经济指数模型，由宏观到微观，从电力视角帮助研判冬奥会等重大活动赛事对区域经济拉动、清洁能源开发利用、冰雪产业发展、奥运场馆绿色运营的带动效应，服务政府提升科学化决策调度管理水平。

（1）"拉动区域经济"。基于地理信息系统，对区域社会用电规模、产业用电量及结构变化、行业用电量及结构变化、各行业经济景气指数等数据指标进行多维度分析，实时掌握整体运行态势，直观反映出区域经济态势、发展规模和产业行业结构优化情况。

（2）"清洁能源监测"。通过北京赛区、张家口赛区、延庆赛区清洁能源装机容量占比，以及各类能源装机容量变化趋势、清洁能源发电量、电能替代等数据指标情况，对整个赛区场馆的火力、风力、光伏、水力发电情况进行年度监测，综合掌握大范围电能替代的推进情况，有效加大节能减排的监管力度，减少能源消耗。

（3）"冰雪产业发展"。通过冰雪产业2015—2020年的用电量年度变化趋势，分析以冰雪基础产业建设、装备生产为主的上游产业，以冰雪体育、旅游、文化为主的中游产业，以及以冰雪产业营销、消费为主的下游产业等各细分产业的发展水平趋势。

（4）"场馆绿色运营"。构建每个赛区场馆的数字孪生体，高精度、多粒度还原场馆的每个细节，实现逼真虚拟化建设，为用户营造全息场景、全局视野、第一视角漫游场馆的沉浸式体验效果。通过融合场馆状态、运行情况、经济人口等多源多维异构数据，展示冬奥会赛事场馆绿色用能监测、场馆及周边人口带动经济效益，以及碳减排三个维度的数据指标，从电力维度呈现冬奥会对区域宏观经济的带动效益。

3. 电力数据如何助力碳排放监测？

答：下面以连云港市生态环境局与国网连云港电力公司合作共建"基于'电–碳分析模型'的能源大数据（碳监测）中心建设运营"项目为例进行介绍。

连云港市依托"碳测"平台，以电力大数据为核心，独创"耗电等效碳排模型"，国内首创"碳行程码"指标体系，创新开发减排潜力分析工具，对规模以上企业开展碳数据采集、监测、核算和分析，实现煤、电、油、气、新能源全链贯通、全链融合和全息响应，对地区规上企业进行碳排放科学评估和碳足迹追踪，提供面向政府的全域碳排放监测和分析，以及面向企业的碳排放动态精准评估，并将枯燥的数据"翻译"成形象化的碳排放图形，自动生成可视化碳排放报告，为政府有效监管碳排放提供决策依据，也为企业节能减排提供更精准的改造方案。

4.3 数智电网

1. 什么是数智电网？

答：数智电网是指将数字技术与传统电网业务深度融合的电网模式。它基于大数据、云计算、人工智能等先进技术，通过实时监测、智能调控、精细化管理等手段，实现对电网的全面感知、高效运行和智能化管理。

2. 数智电网的意义是什么？

答：数智电网具有以下意义。

（1）促进电力行业数字化转型。数智电网提供了数据采集、传输、分析等技术支持，帮助电力企业实现信息化、智能化转型，提高运维效率和服务质量。

（2）改善电网运行效率。通过数智电网技术，电力公司可以实时监测电网设备状态、电能消耗情况等信息，及时发现问题并采取措施，提高电网的运行效率和稳定性。

（3）推动新能源发展。数智电网为新能源接入提供了技术保障，数据分析和智能调度有利于充分利用可再生能源，提升新能源接入的可靠性和经济性。

3. 电力数智助力政府决策有具体案例吗？

答：青海省固碳资源禀赋突出，是巨大的碳汇盈余地。紧扣"碳流""数据流""绿色能源流"，青海积极推进能源清洁低碳转型，国网青海省电力公司（简称"国网青海电力"）以新型电力系统省级示范区建设为契机，加快构建"双碳"数字服务体系，一系列深耕大数据服务"双碳"目标落地的创新实践迅速推进，为政府绿色治理、产业低碳发展、乡村生态富民提供了数据支撑和决策依据。

（1）共享绿色发展"金钥匙"。国网青海电力在青海能源大数据中心建设基础上，构建"以电折能，以能算碳"电碳测算模型，建成"碳排放监测服务平台"，基于该平台，国网青海电力可实时监控全省碳排放数据的采集、挖掘、监测、分析、共享和应用过程，不仅能够为政府调控、规划、决策提供依据，也能够为企业提供测碳技术手段。从宏观监测向精准监测延伸，电网企业实现政府治碳、企业测碳、居民识碳，能源产业各方享受到实实在在的红利。此外，平台的衍生数据产品还能够为碳权交易提供数据服务，有效促进碳市场交易与电力市场协调发展。

（2）算好乡村"惠民生态账"，国网青海电力数智赋能美丽乡村节能降碳。具体来说，国网青海电力源网荷储配电网一体化智慧能源管控平台（以下简称"平台"）为班彦新村村级光伏电站形成光伏电站损耗管理的分析报告，从而开展能效诊断服务，通过能效优化促进乡村可再生能源消纳和利用。

作为班彦新村打造全时段绿电供应示范项目的"智慧大脑"，平台开发电源管理、电网管理、负荷管理等8个模块，具备源网荷储协调控制和可视化展示功能。

数字化可引领能源多元可靠供给，为班彦新村低碳发展注入新动能。目前，平台已接入班彦新村4个10千伏示范台区的客户用电数据和2兆瓦扶贫光伏电站数据。有了充足的电力支撑，班彦新村村集体酩馏酒作坊稳产增销，乡村产业兴旺有奔头。后续平台还将全面接入新建分布式光伏、用户侧储能、"光储充"一体化停车场数据，逐步实现班彦新村光伏"自发自用、余电上网"。项目全部投运后，每年可为班彦新村节约用电成本约5万元，折合减少二氧化碳排放约300吨。

此外，国网青海电力打造以供应清洁化、终端低碳化、用能高效化为目标的乡村"双碳"大脑，开发了"电力看乡村振兴"数字产品。该产品应用行政村的户均变电容量、业扩增长率、产业用电量、光伏用电等20项电力数据，挖掘分析其与乡村振兴的潜在关系，已服务4052个村，实现不同维度"画像"，反映出不同村在产业振兴、旅游开发、工业发展等方面存在的差距，辅助政府做出更具科学性的规划和决策。

国网青海电力依托电力大数据监测结果，大力开展"供电＋优质服务"乡村发展电力赋能产业指数分析，通过监测分析用电量增长率、乡村用电占比、第三产业用电量等数据，研判农牧业、工业和服务业等产业发展趋势，延伸乡村供电服务触角，帮助乡村产业转型升级。

4. 新能源发展助力"零碳村"建设有具体案例吗？

答：在湖北省孝感市大悟县新城镇红畈村，人们可以看到这样的场景：青山环抱，绿水潺潺，村庄不见炊烟，农户绿色电能全覆盖，屋顶布满光伏板，新能源车正在村头充电。红畈村诞生了湖北省首份村级碳核算报告，建成省内首家村级风光储充电站，成为湖北省首个"零碳村"。

2022年3月，国网湖北电科院团队走村入户，精心核算，编写了《孝感市大悟县红畈村2021年度碳核算报告》，摸清了红畈村碳排放量和碳资产家底。该报告指出，2021年红畈村的二氧化碳总排放量为1 080.93 吨；减排项目二氧化碳减排量为474.47 吨，实际二氧化碳排放量为606.46 吨，报告中碳排放当量包含动物粪便贮存和处理所产生的甲烷和氧化氮。这是全省首个村级碳核算报告。碳核算报告为红畈村建设"零碳村"打下了坚实的基础，指明了方向。

红畈村围绕能源供应清洁化、消费零碳化、服务生态化的目标，利用荒地、屋顶开发"风""光"清洁能源，提高电能消费占比和多元素替代。村内建起3台垂直轴风力发电机和2个车棚顶光伏板发电装置，以及一个储存电量200千瓦时的储能设备，俗称"大充电宝"，这座集"风、光、储、充"于一体的新能源汽车充电站，是湖北省内第一个村级风光储充一体化装置。

以前村民抗旱，用电要拉很长的电线，偏远的地方只能用柴油机，既不安全，也不方便，更不环保。为了优化低压供电，实现绿色电能全覆盖，红畈村在田间地头安装了49个电力插头。现在抽水浇苗只需要刷卡，随用随抽，绿色安全方便。村中的金岭示范区中心小学厨房的器具全部电气化，这是大悟县首座全电校园。学校食堂从烧柴做饭改用电能后，用能方式转变，既方便又省钱，一年节省支出约1.4万元。

易地搬迁点利用风能发电建起五级过滤水厂，村民喝上"超净水"，100盏光伏路灯照亮村民前行的路，利用600平方米温控玻璃农业智慧大棚打造农业电气化示范项目。此外，村中有3 500亩（约2.33平方千米）林地，固碳量达310.33 吨。新能源和林地两个碳吸收源（中和源）守护着红畈村的碧水蓝天，使红畈村成为湖北省首个"零碳村"。

参考文献

[1] 习近平在第七十五届联合国大会一般性辩论上发表重要讲话 [EB/OL]. （2020-09-22）[2024-02-01].https://www.gov.cn/xinwen/2020-09/22/content_5546168.htm.

[2]《新型电力系统发展蓝皮书》编写组. 新型电力系统发展蓝皮书 [M]. 北京：中国电力出版社，2023.

[3] 杨京辉. 网络攻击下孤岛交流微电网安全控制器设计 [D]. 南京：南京邮电大学，2023.

[4] 张鹏，周建波，郭恺超. 储能技术的发展及其在电力系统中的应用 [J]. 中国设备工程，2023（7）：218-220.

[5] 张鹏，周建波，郭恺超. 新能源电力系统中的储能技术 [J]. 中国设备工程，2023（5）：219-221.

[6] 汪鹏. 储能技术在新能源电力系统的应用研究 [J]. 中国石油和化工标准与质量，2022，42（24）：172-174.

[7] 姚朝，廖芳宇，胡东林. 新能源电力安全管理技术发展趋势思考：评《新能源项目安全成本形成机理及优化方法》[J]. 安全与环境学报，2022，22（6）：3557.

[8] 谭勇林. 新能源电力系统中的储能技术分析 [J]. 光源与照明，2022（11）：152-154.

[9] 翁爽. 迎能源巨变 谋亚太新篇 [J]. 中国电力企业管理，2022（31）：19-23.

[10] 石文辉，屈姬贤，罗魁，等. 高比例新能源并网与运行发展研究 [J]. 中国工程科学，2022，24（6）：52-63.

[11] 焦红，陈红，张帅. 碳中和背景下我国能源电力系统转型策略研究：兼析典型国家电力转型的主要经验做法 [J]. 价格理论与实践，2021（12）：50-53.

[12] 辛保安. 新型电力系统与新型能源体系 [J]. 北京：中国电力出版社，2023.

[13] 国际能源署. 世界能源统计年鉴（2024版）[R]. 巴黎：国际能源署，2024.

[14] 黄艾熹，王俐英，曾鸣，等. 新型电力系统下储能技术的应用场景及商业模式研究 [J]. 四川电力技术，2024，47（1）：43-49.

[15] 杨永明. 2023国际能源市场回眸 [J]. 记者观察，2024（1）：30-33.

[16] 刘洋. 市场与政策双轮驱动中国可再生能源发展领跑全球 [N]. 机电商报，2024-07-01（A06）.

[17] 焦红霞. 锚定碳达峰碳中和目标 "十四五"可再生能源迎来高质量跃升发展 [N]. 中国经济导报，2022-06-02（02）.

[18] 杨永明. 全球可再生能源领域竞争升级 [N]. 中国电力报，2023-03-28（03）.

[19] 郑彦春，陕超伦，张晋宾. 长持续时间储能体系研究现状及发展展望 [J]. 南方能源建设，2024，11（2）：93-101.

[20] 汤匀，岳芳，王莉晓，等. 全球新型储能技术发展态势分析 [J]. 全球能源互联网，2024，7（2）：228-240.

[21] 水电水利规划设计总院. 中国可再生能源发展报告 [M]. 北京：中国水利水电出版社，2023.

[22] 杜忠明. 电力系统新型储能技术 [M]. 北京：中国电力出版社，2023.

[23] 刘利利，冯天天，崔茗莉，等. 绿色电力交易对电力市场的影响机理及效果 [J]. 中国人口·资源与环境，2024，34（4）：76-90.

[24] 吕婉莹. 虚拟电厂能解电力之"渴"吗？[N]. 人民政协报，2022-09-20（02）.

[25] 舟丹. 我国新能源已成为能源系统增量的主体 [J]. 中外能源，2024，29（7）：54.

[26] 刘早. 建设新型电力系统，新能源作用愈加凸显 [N]. 国家电网报，2024-07-02（001）.

[27] 莫非. 正确认识能源低碳转型历史进程 [N]. 中国电力报，2023-04-10（03）.

[28] 陶冶. 以绿色电力市场化机制创新推进可再生能源高质量发展 [J]. 中国石化，2024（2）：21-23.

[29] 饶宏，周月宾，李巍巍，等. 柔性直流输电技术的工程应用和发展展望 [J]. 电力系统自动化，2023，47（1）：1-11.

[30] 李江成，陈晓华，李海涛，等. 基于多目标优化的柔性交流输电装置控制技术研究 [J]. 电气传动，2023，53（2）：73-78.

[31] 林进钿，倪晓军，裘鹏. 柔性低频交流输电技术研究综述 [J]. 浙江电力，2021，40（10）：42-50.

[32] 黄东启，姚文峰，董楠，等. 特高压与超高压交流输电能力及经济比较研究 [J]. 电力大数据，2018，21（4）：45-52.

[33] WANG J, QIN J, ZHONG H, et al. Reliability value of distributed solar+storage systems amidst rare weather events [J]. IEEE Transactions on Smart Grid, 2019, 10（4）：4476-4486.

[34] HE G, CIEZ R, CHEN Q, et al. The economic end of life of electrochemical energy storage [J]. Applied Energy, 2020, 273: 115151.

[35] OKONKWO P C, COLLINS E, OKONKWO E. Application of biopolymer composites in super capacitor [J]. Biopolymer Composites in Electronics, 2017（1）: 487–503.

[36] 李泓, 吕迎春. 电化学储能基本问题综述 [J]. 电化学, 2015, 21（5）: 412-424.

[37] ZHANG C, WEI Y L, CAO P F, et al. Energy storage system: current studies on batteries and power condition system [J]. Renewable and Sustainable Energy Reviews, 2018, 82: 3091-3106.

[38] 鲁宗相, 黄瀚, 单葆国, 等. 高比例可再生能源电力系统结构形态演化及电力预测展望 [J]. 电力系统自动化, 2017, 41（9）: 12-18.

[39] 胡静, 黄碧斌, 蒋莉萍, 等. 适应电力市场环境下的电化学储能应用及关键问题 [J]. 中国电力, 2020, 53（1）: 100-107.

[40] 文贤馗, 张世海, 邓彤天, 等. 大容量电力储能调峰调频性能综述 [J]. 发电技术, 2018, 39（6）: 487-492.

[41] 金诗跃. 中国风电并网政策研究 [D]. 上海: 华东理工大学, 2014.

[42] 王凯丰, 谢丽蓉, 乔颖, 等. 电池储能提高电力系统调频性能分析 [J]. 电力系统自动化, 2022, 46（1）: 174-181.

[43] 尹霞, 王筱琲, 李晓, 等. 基于5G技术的高校物联网能源电力管理平台的研究应用 [J]. 山东电力技术, 2023, 50（12）: 52-59, 83.

[44] 吴征宇. 新能源背景下新型储能侧技术的应用现状及优化设计 [J]. 自动化应用, 2023, 64（增刊2）: 30-31, 34.

[45] 俞琪. 新能源电力系统零碳工程可行性研究 [J]. 现代工业经济和信息化, 2023, 13（11）: 182-184.

[46] 王喆. 电力企业整合质量、HSE、能源一体化管理体系探讨 [J]. 江汉石油职工大学学报, 2023, 36（6）: 56-58.

[47] 刘锋. 面向分布式能源系统的电力调度与检修协同优化算法研究 [J]. 装备制造技术, 2023（11）: 44-46, 58.

[48] 刘振宇. 多元复合储能技术在电力设备能源自动集成中的运用研究 [J]. 中国设备工程, 2023（21）: 234-236.

[49] 夏义善. 中国国际能源发展战略研究 [M]. 北京: 世界知识出版社, 2009.

[50] 段兆芳, 王雪, 葛燕平. 浅议能源资源的动态性 [J]. 中国国土资源经济, 2008（8）: 6-9, 46.